孔夫子的偶像

周公

林哲璋　著

三民書局

獻給孩子們的禮物

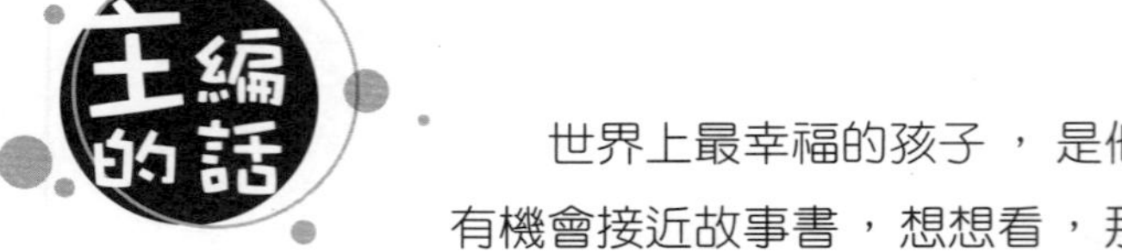

世界上最幸福的孩子，是他們一出生就有機會接近故事書，想想看，那些書中的人物，不論古今中外都來到了眼前，與他們相識，不僅分享了各個人物生活中的點滴，孩子們的想像力也隨著書中的故事情節飛翔。

不論世界如何演變，科技如何發達，孩子一世幸福的起源，仍然來自於父母的影響，如果每一個孩子都能從小在父母親的懷抱中，傾聽故事，共享閱讀之樂，長大後養成了閱讀習慣，這將是一生中享用不盡的財富。

三民書局的劉振強董事長，想必也是一位深信讀書是人生最大財富的人，在讀書人口往下滑落的多元化時代，他仍然堅信讀書的重要，近年來，更不計成本，連續出版了特別為孩子們策劃的兒童文學叢書，從「文學家」、「藝術家」、「音樂家」、「影響世界的人」系列到「童話小天地」、「第一次」系列，至今已出版了近百本，這僅是由筆者主編出版的部分叢書而已，若包括其他兒童詩集及套書，三民書局已出版不下千百種的兒童讀物。

劉董事長也時常感念著，在他困苦貧窮的青少年時期，是書使他堅強向上，在社會普遍困苦，而生活簡陋的年代，也是書成了他最好的良伴，他希望在他的有生之年，分享這份資產，讓下一代可以充分使用，讓親子共讀的親情，源遠流長。

「世紀人物 100」系列早就在他的關切中構思著，希望能出版孩子們喜歡而且一生難忘的好書。近年來筆者放下一切寫作，接下這份主編重任，並結合海內外有心兒童文學的作者共同為下一代效力，正是感動於劉董事長致力文化大業的真誠之心，更欣喜許多志同道合的朋友，能與我一起為孩子們寫書。

「世紀人物 100」系列規劃出版一百位人物故事，中外各占五十人，包括了在歷史上有關文學、藝術、人文、政治與科學等各行各業有貢獻的人物故事，邀請國內外兒童文學領域專業的學者、作家同心協力編寫，費時多年，分梯次出版。在越來越多元化的世界中，每個人都有各自的才華與潛力，每個朝代也都有其可歌可泣的故事，但是在故事背後所具有的一個共同點，就是每個傳主在困苦中不屈不撓，令人難忘的經歷，這些經歷經由各作者用心博覽有關資料，再三推敲求證，再以文學之筆，寫出了有趣而感人的故事。

西諺有云:「世界因有各式各樣不同的人群,才更加多采多姿。」這套書就是以「人」的故事為主旨，不刻意美化傳主，以每一位傳主的生活經歷為主軸，深入描寫他們成長的環境、家庭教育與童年生活，深入探索是什麼因素造成了他們與眾不同？是什麼力量驅動了他們鍥而不捨的毅力？以日常生活中的小故事，來描繪出這些人物，為什麼能使夢想成真。為了引起小讀者的興趣，特別著重在各傳主的童年生活描述，希望能引起共鳴。尤其在閱讀這些作品時，能於心領神會中得到靈感。

和一般從外文翻譯出來的偉人傳記所不同的是，此套書的特色是，由熟悉兒童文學又關心教育的作者用心收集資料，用有趣的故事，融入知識，並以文學之筆，深入淺出寫出適合小朋友與大朋友閱讀的人物傳記。在探討每位人物的內在心理因素之餘，也希望讀者從閱讀中，能激勵出個人內在的潛力和夢想。我相信每個孩子在年少時都會發呆做夢，在他們發呆和做夢的同時，書是他們最私密的好友，在閱讀中，沒有批判和譏諷，卻可隨書中的主人翁，海闊天空一起遨遊，或狂想或計畫，而成為心靈知交，不僅留下年少時，從閱讀中得到的神交良伴（一個回憶），如果能兩代共讀，讀後一起討論，綿綿相傳，留下共同回憶，何嘗不是一幅幸福的親子圖？

2006 年，我們升格成為祖字輩，有一位朋友提了滿滿兩袋的童書相送，一袋給新科父母，一袋給我們。老友是美國國家科學院院士，曾擔任過全美閱讀評估諮議委員，也是一位慈愛的好爺爺，深信閱讀對人生的重要。他很感性的說：「不要以為娃娃聽不懂故事，我的孫兒們一出生就聽我們唸故事書，長大後不僅愛讀書而且想像力豐富，尤其是文字表達能力特別強。」我完全同意，並欣然接受那兩袋最珍貴的禮物。

因為我們同樣都是愛讀書、也深得讀書之樂的人。

謹以此套「世紀人物 100」叢書送給所有愛讀書的孩子和家庭，以及我們的孫兒——石開文，他們都是世界上最幸福的孩子，因為從小有書為伴，與愛同行。

走進歷史的偉人似乎都有一項特色，他們有如磁鐵，隨著時間的進行，將大家理想中的特性吸附到自己身上。而我們讀偉人傳記，目的不在分毫不差的理解偉人們的真實生活，而是想藉由他們的故事，明白人們企望的模範典型是什麼。

所以，我們有一句老生常談：「肉體雖死，精神卻能長存」。

坊間的說書人曾經流傳這樣一個故事：劉備、關羽、張飛在桃園三結義時，為了決定誰是老大，誰是小弟，於是舉行了比賽，約定共同爬上桃園中一棵大樹，依所爬的位置決定兄弟結義的排行。張飛武藝高強又身輕如燕，故而一馬當先，瞬間爬上了樹梢；關羽雖然力大無窮，無奈噸位太重，故而落在張飛之後；而劉備武藝不精，連樹幹都爬不上去，只能在樹根處搖頭嘆息。

不過，劉備靈光一閃，主張說：「你們看到事物地位崇高、外表顯明，就認為那是事物最重要的部位，這實在是太膚淺了！樹的葉子、花朵和果實，全靠樹根供給養分，且大樹最初是由樹根長起……今天的比賽，我離樹的根本最近，理應由我當大哥！」關、張二人無法反駁，於是三人結義的長幼也就定了下來！

這是民間的傳說，卻恰巧可以呼應我們從周公事跡上察覺到的——即周公的大「粉絲」孔子所說的：「君子務本，本立而道生」——凡事要探求其本質：最核心、最重要的部分是什麼？

許多時候，事物映照出來的本質就是它的義務！

如果只看周公所處的地位，那是「一人之下，萬人之上」的風光；但周公是政治家，政治家的義務——保有天命、讓人民安居樂業——本質上是辛苦、犧牲奉獻的。周公平日的生活正是「一沐三握髮，一飯三吐哺，猶恐失天下之賢人」；得到的回報卻是分封諸侯時，將安全肥沃之地封給功臣親族，讓自己的長子前往危險偏遠之地，對抗未歸降的敵人，以保周王室的安全。周公身為顧命大臣，並未汲汲於享受權位，反而踐履著比天子更沉重的義務——替父兄為周朝後代天子建立制度典範。

周公建立禮樂制度，規範了諸侯朝覲的禮節，乍看之下，是賦予了諸侯義務，但對照任意殘虐諸侯的商紂，便可明白，諸侯義務的另一面，恰是諸侯自身的權利——只要符合禮節，就算是天子也不能以「莫須有」的罪名加諸刑罰。而人們認為是天子權利的禮制，事實上也約束著天子，若是不依禮行事，那麼像周幽王為褒姒「烽火戲諸侯」的下場，即是殷鑑。

天子對諸侯的治理，就是在上位者治理人民的縮影。

權利和義務本來就是一體的兩面！所以孔子說「見利思義」——當我們看到事情的好處時，一定要想想這樣的好處附帶著什麼義務。

將來，若是有人告訴我們：當老師很好，有固定收入，還有寒暑假；或者有人建議我們：當醫生很好，可以賺很多錢。

讀了周公的故事，我們一定要學會反問：那麼為人師表的本質是什麼？懸壺濟世的義務是什麼？

當電視節目仍然在播送哪一位大商人年收入多少錢時，我們是否應該思考他背負了多少投資股東的期待？聘請了多少員工，養活了多少家庭？繳納的稅成就多少建設？

《韓非子》裡有個故事說：「有個珠寶商人想要販賣珍珠，因為競爭激烈，不易經營，便想在珠寶匣子上下工夫，於是買來名貴的木頭雕刻，再以肉桂等香料薰香，還用玫瑰玉裝飾盒蓋，用翡翠鑲邊。匣子做得精美無比，商人高高興興的上市集兜售。有位客人一眼相中，沒討價還價，十分乾脆的付錢後，拿走了匣子，竟將珍珠還給商人。」

這就是「買櫝還珠」成語的由來。

珍珠就是「君子務本」的「本」，也就是事物的本質。管叔、蔡叔只看見權位，而忘記義務，就像只想拿匣子的客人，最後得到的只會是一種損失。

或許有人會問，盡義務是十分辛苦的事，怎能拿珍珠比喻呢？

只需換個角度想想，便可明白：當周公完成政治建設，還政成王，無愧父兄期待，終於得以告老退休時，他的心情如何？而一位有心於教育的老師，看見學生從璞石變美玉，他心中的感動程度又是如何呢？又或者，一位仁心仁術的醫生，將生命從死神手中搶救回來，那一刻的心情，該是怎樣的悸動呢？

人民的感念，學生的感恩，病人的感激，那是珍珠的價值，遠非世俗虛飾的匣子可以比擬的！

寫書的人

林哲璋

臺大中文、臺東大學兒文所畢業。曾獲鳳邑文學獎現代詩新人獎、牧笛獎。出版過《攀木蜥蜴與藤條先生》、《打敗宇宙魔王的無敵武器》、《臺圓銅板流浪記》、《月光小鎮的故事》、《仙島小學》、《屁屁超人》等書。

這個人喜歡創作兒童（非專屬成人的）文學，立志“writes cats and dogs.”是因為聽人家說了「兒童三段論法」：

一、沒有人是一座孤島；

二、兒童是人；

三、沒有兒童是一座孤島。

（寫給兒童島看的，大人島也可以看，投資報酬率超大……）

孔夫子的偶像

周公

目次

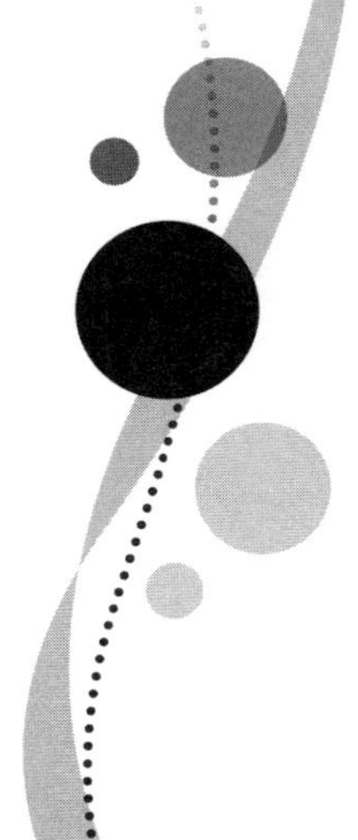

周　公

活動年代約在西元前11世紀

1 童年

——母親太姒夫人與我

三千多年前，在渭水流域以西的岐山周原，我發出了第一陣哭聲，大哥伯邑考拉著二哥姬發、三哥姬鮮，大喊:「生了！生了！母親大人生四弟了！」他們興奮的跑去向父親報信。

我的父親姬昌是周人國君，受商朝天子封賜為「西伯」。我是母親太姒夫人*所生的第四個兒子。

父親是西方部落的諸侯長，也是一位勤政愛民的國君，他仁民愛物，心地慈悲，受到四方愛戴。父親同時也是一位疼愛妻兒的丈夫及父親，聽到我出生的消息，他雀躍萬分的進房來，從母親的懷裡抱起我。

「該取什麼名字好呢？」虛弱的母親問著父親。

放大鏡

＊周公的母親、祖母、曾祖母，皆是上古時代著名的賢明女子，在《列女傳》中列有專篇記載，名曰：「周室三母」。

周公曾祖母太姜，她支持丈夫古公亶父遷居岐山，對於隨之來歸的周人，照顧他們生活作息，領導人民安居樂業；並撫育三子，使之能明白事理，了解其父王志願，為國為民，禮讓王位，成就千古美談。

周公的祖母太任為季歷之妻，據說有殷商王室血統。太任的個性端莊精誠，行為舉止均符合道德標準，她對子女教育的重視，嚴格到從懷孕開始便自我要求：眼不看不美的事物，耳不聽吵噪過分的聲音，口不說不好聽的話。連胎教都如此重視，可想而知她對子女的身心教育會是如何嚴格要求，也難怪教育出來的姬昌，能受古公亶父的青睞，受傳王位，興盛周室。

周公的母親太姒，乃是大禹的後代，具有仁心且明白事理，姬昌（後來的周文王）非常喜歡她，結婚時，親自到渭水邊迎娶她，還將舟船連成一座橋，供太姒渡河。太姒進門後，非常孝敬婆婆，且持家有方，使姬昌能專心治理國事。

賢能的太姒共生了十個兒子，分別是：長子伯邑考，次子武王發，三子管叔鮮，四子周公旦，五子蔡叔度，六子曹叔振鐸，七子霍叔武，八子成叔處，九子康叔封，十子聃季載。

她教育十個兒子，非常用心，從不讓孩子們接觸邪惡、不合正道的事。姬發（後來的周武王）、周公能有如此大的政治成就，太姒其實居功厥偉。

除了姬發、周公之外，太姒諸兒中以康叔姬封最為賢能，也最得周公疼愛，兩人感情也最好。

母親影響孩子成就的例子，在歷史上頗為常見，如孟子、岳飛、歐陽修等人的母親。探究一位偉人的誕生，絕對不能忽略了那雙推動搖籃的手。而太姜、太任、太姒都是賢慧妻子的典範，故今日我們稱妻子為「太太」。

精通《易經》八卦的父親說：「看這孩子相貌，端正且透著英氣，我演算過他的命格，他將來的成就恐怕更甚於一朝一代的國君王侯，既然如此，我看就取名為旦吧！『旦』這個字是由『日』和『一』組合而成，指太陽剛升出地平線的樣子，我期許這嬰兒能為幽暗的時代帶來曙光，為四方苦難的部落，以及天下可憐的人民，帶來幸福和安樂！」

這就是我名字的由來——它代表著父親對我的期許。母親先後生了十個兒子，我排行第四，在我之後還有五弟「度」、六弟「振鐸」、七弟「武」、八弟「處」、九弟「封」、十弟「聃季載」。

我的母親非常賢慧，大家都稱她為「太姒夫人」，她對我們十兄弟的教育非常用心；而父親總是為著國事及險惡的政治環境憂心，我們平時很少有機會見到他。

「為什麼父親大人總是那麼忙呢？」年幼的我常拉著母親的裙角問。

「對呀！母親大人，為什麼父親連休息的時間都沒有呢？」大哥伯邑考和二哥發也同聲問著。

母親慈愛的望著我們：「兒子們，你們將來都要繼承父親的事業，分擔父親的憂勞，那麼你們有誰知道父親的事業是什麼呢？」

「我知道！父親是西方諸侯裡權力最大的，他管理所有西方諸侯，大家都稱他為西伯。」三哥鮮搶先回答。

「既然父親官當得這麼大，為何還這麼忙呢？父親不是可以好好享樂，事情交代屬下做就好啦！」五弟度歪著頭問。

「傻孩子，要記住：『地位愈

高，責任愈大』！世間沒有不勞而獲的事，上天賦予的地位和權力，是讓我們去完成責任的工具。老天爺使你們父親獲得西方諸侯推舉，成為西伯，並不是要讓他享受榮華富貴，而是相信他有能力讓西方的人民安居樂業，才會授予他健康與福壽；如果，你們的父親沒有好好照顧人民，恐怕上天會降災到我們家呢！」母親說完，我們點頭表示明白。

母親太姒夫人教導我們的第一件事，就是灌輸我們「權利的另一面就是義務」的觀念。母親的諄諄善誘，將這個道理深深的植入了我幼小的心靈中……

在我的童年時代，印象最深刻的，就是每當祖先的壽辰及忌日，母親總會在祭祀儀式後，告訴我們祖先的故事，並要我們永遠記住祖先優良的美德及操守。

小時候，我最喜歡纏著母

親，要母親說故事給我們聽。母親總是一邊準備著祭祀的物品，一邊說著祖先的故事。

「旦，你知道我們周人是怎麼來的嗎？」*

我搖搖頭。

母親慈愛的看著我們，說：「我們周人的祖先名叫『棄』，沒錯，就是拋棄的棄。傳說棄的母親姜嫄是古代帝王嚳的妃子。*她因為沒有兒子，就誠心向上天祈求賜給她子女。有一天，她到野外遊玩，看見了一個巨大的腳印，心裡覺得好玩，便踏了一下那神奇腳印的大拇指，想不到回家後竟然懷孕了。雖然姜嫄得到了夢寐以求的孩子，卻因為他是無父而生的，因而覺得不祥，於是她緊張的入廟向上天祈禱、尋求指示，得到的神諭是：『妳無子而踩踏了神的足跡，這是上天應驗妳的請求，讓妳擁有這個孩子。』雖然如此，姜嫄仍然怕被人說閒話，想把這孩子拋棄。」*

「好可憐喔！」大哥伯邑考和我異口同聲的說。

「於是，姜嫄偷偷的將她的小嬰兒丟在路中央，奇怪的是，牛羊經過這小嬰兒的身邊時都會自動避開；後來姜嫄又將他棄置在森林中，卻碰巧遇到村人集體前來砍伐林木，眾目睽睽，無法

放大鏡

＊關於周人起源的傳說，《史記・周本紀》、《詩經・生民》及《吳越春秋・吳太伯傳》當中都有記錄。

「姬」是周人的姓，古時候男子不稱姓，只稱氏，所謂的「氏」就是指封地的名字。周公的「周」是推翻商朝後，周公受封之地的地名，周滅商之後，周公被封在太王（周公的曾祖父，即古公亶父）原來定居的地方，也就是周族的故地，所以世人稱姬旦為周公。又如周公異母弟弟召公的「召」，也是封地之名，周公的哥哥管叔、弟弟蔡叔的「管」、「蔡」二字，也是氏，就是封地名。事實上他們的姓都是「姬」。

＊又傳說商人始祖契的母親簡狄也是帝嚳的妃子。這傳說雖然未必可信，但可以表明商與周的血統與文化，系出同源。

＊這神話說明了周人是上帝的子民，雖未可信，卻顯現了周人敬天畏神的天命觀，這也是後來周公施政的哲學及創建制度的思想基礎。

丟棄；最後，姜嫄把這嬰兒棄置在結冰的河川之上，神奇的事又發生了，飛鳥們竟自動飛來，覆蓋在這名棄嬰身上，為他取暖。姜嫄見這麼多奇蹟出現，便相信這孩子是上天賜給她的，才放心的將這孩子留下來扶養；又因為他經歷了這麼多風波苦難，便將他取名為『棄』。」

「好險！」二哥發聽得入神，這時才鬆了一口氣。

「棄在兒童時期，喜歡把種植各種穀物當作遊戲，他所種的農作物長得又高又好。到了青年時期，有一年，國家遭遇洪水氾濫，平地都被大水淹沒，於是百姓遷移到山上居住，但是習慣在平地耕作的人們，根本不知如何在山坡高原上種植生產。當時的賢明君主堯聽說了棄在農事上的才能，便聘請他來教導人民種植之法——一旦學會了坡地耕作技術，百姓便不怕餓肚子了。堯見棄在農事上的才幹不凡，便任命他為農官，封於邰，賜姓姬，農官的官名稱為『稷』，後人也就稱棄為『后稷』＊了。」

母親停了停，看著我們兄弟說：「孩子們，你們將來要像祖先后稷一樣為人民謀福利，知道嗎？」

「我將來也要發明讓人民幸福的東西！」我在心裡對自己說。

「孩子們，我再多講些祖先的故事給你們聽吧！棄過世後，兒子『不窋』雖世襲為后稷，繼續擔任農官，但由於夏朝動亂，不窋晚年便離開官職，且在戎、狄等遊牧民族之間流離失所。

「棄之後傳了十五代，到了公劉。公劉仁慈愛民，是位能承繼祖先才德的領導者，他愛護生

＊「后稷」的「后」是「帝王」的意思。

命，就算走路都不忍心踩踏青草，行車連蘆葦都會避開，他隱居在戎、狄的領地裡，逃避著夏桀的苛政。公劉教導人民農耕技術及禮儀規範，竟使附近文明較落後的遊牧民族改掉了不好的風俗習慣，社會風氣變得富而好禮。

「公劉雖居住在戎、狄的國度，卻能遵照始祖棄的施政方式，重視農耕技術，讓大家衣食無虞，如此一來，偷竊搶劫等案件自然減少了，百姓也能安居樂業。後來公劉遷居於豳地，在公劉逝世後，他的兒子慶節繼位，便在豳*地建立了都城。」

說完，母親還教我們唱一首歌，這首歌正是人民作來頌揚公

放大鏡

*因此現在《詩經》裡還有「豳風」篇，內容記載著豳的民謠，由於人民常常緬懷公劉，因此其中也不乏傳頌公劉時代德政的作品。

劉的，歌詞的內容是：

篤公劉！匪居匪康，
迺埸迺疆，迺積迺倉。
迺裹餱糧，于橐于囊。
思輯用光，弓矢斯張，
干戈戚揚，爰方啟行。

篤公劉！于胥斯原，
既庶既繁，既順迺宣，
而無永歎。
陟則在巘，復降在原。
何以舟之？
維玉及瑤，鞞琫容刀。

篤公劉！逝彼百泉，
瞻彼溥原；
迺陟南岡，乃覯于京。
京師之野，于時處處，
于時廬旅，于時言言，
于時語語。

篤公劉！于京斯依。
蹌蹌濟濟，俾筵俾几，
既登乃依。
乃造其曹，執豕于牢。
酌之用匏，食之飲之，
君之宗之。

篤公劉！既溥既長，既景迺岡，
相其陰陽，觀其流泉。
其軍三單，
度其隰原，徹田為糧。
度其夕陽，豳居允荒。

篤公劉！于豳斯館。
涉渭為亂，取厲取鍛。
止基迺理，爰眾爰有。
夾其皇澗，溯其過澗。
止旅迺密，芮鞫之即。＊

放大鏡

＊因為時間久遠，周公那時代的語言和現在相差很多。不過，這是當時傳唱的民歌，大家都會唱，現在這歌詞收進《詩經・大雅・公劉》篇中。

內容是說公劉率民遷徙到豳地的經過，詩中描述篤實忠厚的周人祖先公劉，因為夏桀的暴政，避居在戎狄之間，生活得不安定，於是便預備遷居，然而遷民移居事關重大，他不能冒然行動，他必須讓人民能夠安全抵達新的開墾地。於是他先在目前的居處劃分田地，連田間的小路也不浪費，全種滿了作物，以便增產糧食。

等到收割後，穀物、乾糧積滿了穀倉，一一分裝進糧袋，公劉衡量糧食大致足夠了，便將弓、箭、戈、盾、斧等防禦武器準備妥當，宣布啟程，帶領著人民找尋新的家園。

走了許久，來到了豳地，公劉親自觀察豳地原野，發現此地生物生長繁榮，便向人民宣布已找到了一個理想的地方，並詢問人民意見，人民紛紛表示贊同。

於是公劉登上附近的小山，走遍了四周原野，以了解這兒的地形及地貌，並且往泉水聚集處探看，檢視了大平原，又登上了南邊大山，終於尋得了一個適於大家聚居的高丘，大家便安頓下來。

到達了新的移民地，大家可以放鬆心情，輕鬆說笑了。

安頓好了大家，公劉請人民齊聚一堂，擺好宴席，殺豬宰羊，做出一道道大餐，用剖半的葫蘆盛酒而飲。公劉請大夥同樂，大家也尊公劉為國王、君上，一齊為其祝壽敬酒。

公劉率領周民在豳地定居下來後，他更涉過渭水亂流，為人民取來了磨刀石及槌打石，讓人民可以開始建築屋室。漸漸的，百姓愈聚愈多，大家依著河水定居過活，後來人多了，也有向河上游開墾的，居住的人民越來越

多，水灣內外都聚滿了人。周族便在此繁衍下來。

母親教我們唱完了歌，又繼續說著祖先的故事：「公劉之後，又傳八世到了古公亶父。古公亶父遵從公劉所建立的制度，施行仁政，很受人民的愛戴。但是豳這個地方，臨近許多遊牧民族——戎、狄，他們不像周人懂得農耕，屯蓄糧食。戎、狄大抵過的是漁獵生活，獵獲不足時，常來侵擾周人的土地。」

「這怎麼可以？」五弟度氣憤的說。

「由於我們周人經濟情況比較好，你們的曾祖父古公亶父剛開始都以財物安撫這些遊牧民族，要他們別再侵擾周人，這是為了避免戰爭帶給雙方人民不幸。然而，戎、狄食髓知味，一再侵擾，最後竟變本加厲，想要侵占整個豳地的人民與土地。」

「太可惡了！」三哥鮮也氣憤的說。

「周人忍無可忍，大家同仇敵愾，異口同聲希望古公亶父下令對戎狄宣戰，但古公亶父深知戰爭的可怕，明瞭二軍交戰，沒有絕對的贏家，輸的永遠是人民；且一旦發生戰爭，農作生產必定荒廢，無論輸贏，人民都將過著艱苦的日子。你們曾祖父的政治理念是以人民福祉為優先，這也是棄、公劉等先祖一致的原則，所以他不願對戎、狄用兵。

「你們曾祖父安撫著義憤填膺的周族人民，說：『雖然，我們一定能夠一舉打敗他們，成為對方的君主。但是，殺人家的父母而統治他們，我不忍心這麼做！況且我們開墾這片土地，是為了讓人民安居樂業，若是為了保有這片土地，開啟戰爭而讓人民生命蒙受損失，這豈不是本末倒置嗎？你們大家已經具備了良好的農耕技術，一定能夠自給自足，過著安定的生活。至於國君是我還是別人，其實一點都不重要！』

「於是古公亶父自己帶著家人離開豳地，表示放棄豳地的統治權，渡過漆水、沮水，越過梁山，來到岐山之下，發現一片肥沃的田野，用龜甲占卜，果然得到吉兆，就決定留下來……」

母親為我們分析，當時戎、狄會離開自己的土地，來侵擾在豳地的周人，也非出於自願，事實上，他們是受到殷商殘暴君王武乙的逼迫，才必須離鄉背井，到豳地和周人搶地盤。曾祖父古公亶父就是因為明白這個原因，不忍雙方人民傷亡，才決心讓出土地。

「古公亶父初到岐山下，還沒來得及建立宮室，就住在臨時挖掘的土穴裡，穴居是平民數千年來的生活方式，剛到岐山下的古公亶父生活就如同平民一般簡陋。事實上，他大可不必如此委屈，但是為了不殺人，不使人民塗炭，古公亶父寧願放棄土地與權力，過著平凡人的生活，也不願人民遭受戰爭的苦難。」

「好偉大呀！曾祖父認為人民的幸福比當國君來得重要！」我說。

「沒錯，我們周人領導者必備的胸襟，就是把責任擺在權利之前，只要能盡到責任，犧牲一己的利益，也在所不惜。

「你們曾祖父古公亶父滿心為人民著想，自願放棄權位，然而，有仁心的人、有王者心胸的領導者，想要主動放棄上天賜予的恩寵，也是十分困難的。古公亶父到了岐山定居，想不到人民感念他的仁德，便扶老攜幼，帶著鍋碗瓢盆，跟著遷移過來了。

由於周人全部遷移到此，這岐山下的平原便被稱為『周原』。

「人民都來了，古公亶父只好開始興建都城。＊據說由於人民同心協力，都城在三個月內就完工了，這是因為人民是自動自發的工作，不是被強迫來的。不到一年，周原之上的周人建立了一個大城鎮，兩年後成了一個大都市，古公亶父的人民比原來增加了五倍之多。

「你們曾祖父的背後，還有一個支持他的力量，就是你們的曾祖母太姜，她對於夫君的抉擇全力支持，明瞭夫君為國為民的苦心，與夫君一起奔波勞苦，從未有怨言。她輔佐你們曾祖父開墾新居，教導周人耕織農作，撫

放大鏡

＊當時的都城城堡就好像歐洲中古世紀的城堡一樣，是保障民眾的必要建設，若是有敵人來犯，人民可躲入城堡避難，進行防禦。

子育民，被後世稱為母儀天下之典範。」母親笑著說：「她是我學習效法的對象呢！」

母親又教我們唱了幾首人民為歌頌曾祖父而作的民謠，接著繼續講下去：「你們知道嗎？其實你們的父親本來不會繼承西伯的爵位，因為你們的祖父季歷並非是曾祖父古公亶父的長子。曾祖父生有三子，大伯公太伯，二伯公虞仲，第三個兒子才是你們祖父季歷。但是因為季歷娶了太任為妻，太任如同你們的曾祖母太姜一樣，是位賢能的妻子，她生了你們的父親姬昌，並善盡教養子女的責任，使你們的父親具備了健全的人格，以及仁愛的思想。

「曾祖父古公亶父知道他的兒孫裡，姬昌最賢能，最有能力擔當領導周人的責任，曾經說：『我的後代子孫中可以使我們國家繁榮興盛的，大概就是姬昌了。』＊想不到你們大伯公、二伯公聽聞你們的曾祖父想要將王位傳給你們的父親，便有意讓位給你們的祖父季歷，以完成古公亶父的心願，讓你們的父親姬昌繼位。於是二人便相偕逃亡到蠻荒地區，紋身剪髮，過著野蠻人的生活，以避開周人，不讓你們曾祖父及祖父找到。」＊

五弟度笑說：「大伯公、二伯公可以先當諸侯長，再傳位給父

放大鏡

＊這段記載可以參看《史記・周本紀》。

＊當初太伯及虞仲是託言上衡山採藥，一去不返。斷髮紋身，是表示自己不適於繼任王位，以完成父親心願。古公亶父過世時，二人回來奔喪，古公亶父心疼兒子，早已交代季歷，要傳位予太伯，太伯三次辭讓不受，季歷沒辦法只好繼位，仍舊保持古公亶父所施行的制度，確實以仁愛誠信的態度來治理人民，四方諸侯也因此紛紛前來歸順。

太伯也就是春秋末期霸主吳國的開國始祖，他到南方蠻荒地區感化了當地的土著，施行教化，使當地文明漸漸發達。孔子對於太伯讓位的事，曾經大加讚許。而周公的曾祖及伯公們，個個都能將王位讓賢，對權力毫不戀棧，以國家人民為重，無私無己，周公在此種仁德典範的薰陶下，能培養出崇高的人格，也就不足為奇了！

親，這樣就不必逃跑了！」

二哥發說：「大伯公、二伯公可能擔心他們的繼承人或許會抗議，不將王位讓給父親，如此難免會有一番爭鬥，若是引發戰爭，倒楣的又是人民。」

母親說：「你們還記得嗎？我告訴過你們，身為領導人，一定要先想著盡義務，不要只顧著享權利。你們的曾祖父就是做到了這一點——為了人民的安康，寧願捨棄自己的王位，孤身一人離開豳地；也因為有這樣的身教，大伯公和二伯公才會受到曾祖父的感召，明白當西伯侯的義務是讓人民快樂富足，既然曾祖父說你們的父親做得到，他們也就樂於讓位給能確實完成這項任務的人，不認為自己當諸侯長的權利受到損害。現在你們明白我們周人的價值觀了吧！希望你們永遠記住，你們是王室成員，將來不論處在哪個位子，擔任何種官職，都要先問自己盡了義務沒有，而非先想到自己的權利！」

我們大聲說明白，連在襁褓中的弟弟也呀呀的好似在回應，母親笑得合不攏嘴。＊

我成年後，正式幫忙父親治理國事，甚至到後來的起義伐商，母親講述的故事，仍不時在我心中浮現，成為我行事的準則。

祭祀祖先時，父親有時會匆匆忙忙到場，主持典禮，禮成後，又得馬不停蹄的回去辦公——巡視諸侯，解決爭端，救濟

放大鏡

＊周公身為古公亶父的曾孫，一定會常常聽到長輩講述祖先的豐功偉業、行誼事跡，古公亶父因為具有王者之仁，雖想拋棄王位，人民卻自動在其身邊聚集，使之自然而然又成為人民的領袖。顯示一個具有王者資格的人，只要他修身不輟，王位是隨身不離的，這就是「天命」的實質意義，這也影響了周公的天命觀。如此也就不難理解為何周公在輔佐成王時，諄諄教誨成王要努力不懈，否則天命隨時會離開周王室而去。他一再的告誡成王——天命的容器，其實就是在上位者的仁德呀！

貧災。連和我們說話的時間都沒有，我不禁問母親：「父親大人為了何事如此忙碌呢？」

母親搖著頭說：「近來殷天子對諸侯子民們造成了許多傷害，你們父親正忙著去救助各諸侯國，討伐欺凌鄰國的部落。」

「天子？身為天子不是應該照顧天下百姓，為何要虐待人民呢？」二哥發不解的問。

「唉！從你們曾祖父開始，就不幸遇上殷商暴虐君主『武乙』。殷人最相信鬼神，認為鬼神會獎善懲惡，就因為敬畏鬼神，人才不敢做壞事。可是殷天子武乙竟然荒誕得命人製作人偶，名之為『天神』，要屬下操縱人偶，與自己相鬥，武乙用刀刺砍人偶，出言侮辱天神，宣稱自己能打敗天神，比天神更為尊貴。正因為屬下害怕人頭落地，不敢讓君王落敗，因此作為天神

代替品的人偶當然會輸。武乙還做了一個皮囊，內裝人血，吊於高處，以箭射之，說是在『射天』。」

「鬼神沒有處罰他嗎？」我問。

「可以說有，也可以說沒有！」母親回答。

「什麼意思呢？」兄弟們異口同聲的問。

「鬼神在武乙做出不敬鬼神之事時，沒有馬上處罰他。但是身為帝王的武乙，施行一連串暴虐的統治手段，讓殷商百姓民不聊生；不但如此，他不斷侵犯欺侮鄰近的部落，間接迫使你們曾祖父古公亶父離開故鄉，遷到岐山這裡。殷商人民崇敬鬼神是出了名的，而殷天子武乙如此的作為當然令百姓十分恐慌，一個連上天、鬼神都不怕的天子，更遑論會遵從為人君的規範、盡天子的職責。或許因為武乙沒有盡到上天賦予帝王的責任，當他勞民傷財、不顧人民生計，到渭水附近打獵遊玩時，竟被雷電劈死了！」

「真是罪有應得！」二哥發拍手叫好。

「對殷人和諸侯們是好消息，但對我們周人就不是了！」母親嘆了口氣說：「你們祖父季歷卻因此無辜蒙受不白之冤，慘遭殺身之禍。」

「明明是他自作自受，為何讓祖父背黑鍋呢？」大哥伯邑考生氣的問。

「殷王武乙打獵受雷殛的地點，正巧在周的國土附近，因此讓武乙的兒子文丁有了藉口，設計將你們祖父殺害。不過，武乙的死並不是文丁要殺死你祖父的主要原因……」

「母親，您是說……殷人是

預謀加害祖父的？」我問。

「孩子們，政治是很可怕的，尤其是當在上位者只知享受權利時，必定千方百計只想保住權利，忘卻權利的另一面就是『義務』……」

母親不忘機會教育我們，她接著說：「文丁殺死你們祖父不只是為父報仇，最主要的原因是你們的祖父季歷受到人民及西方諸侯的擁戴，功高震主。武乙的死只是個藉口，除掉對殷天子的威脅才是主因——殷天子以為君主就是生來要享受權利的，所以不准任何危及他權威的情況發生。殊不知我們周人國君，向來把權利當作義務，就像你們父親，地位愈高，卻愈辛苦，根本不知什麼是享樂呀！若是有人要來搶義務，幫忙盡責任，只要對方能讓人民安居樂業，周人的國君是根本不會在意王位的呀！甚至還樂得輕鬆呢！只有把權位當作私人利益者，才會捨不得放掉，才會疑神疑鬼的以為隨時有人會來搶奪。」

母親明白的告訴我們：殷天子對付周人，最主要的原因是自曾祖父古公亶父以來，周的領導者將國家治理得很好，不少諸侯前來歸服，勢力日漸擴大。殷天子不但不修養自身的德行，善待自己的人民，以仁德感化天下諸侯，反而只想用武力高壓的手段，囚禁殺害受天下人愛戴的諸侯長，由於這種自私而殘暴的思想作祟，才造成諸侯百姓無窮的災難。

母親望著父親的座位，嘆了口氣說：「你們祖父無端死於殷人奸計之下，你們父親繼位為周國君，繼承了『西伯』的爵位。許多臣民及諸侯，勸你們父親立刻召集兵馬報殺父之仇，但是你們的父親回答說：『我王父季歷，雖因為受人民愛戴而遭受殺身之禍，然而推究他之所以受人民愛戴的原因，是因為他讓人民平安幸福，今日，若為了我們私人的仇怨，輕啟戰端，姑不論殷強我弱，只要想到可能讓人民為了幫我復仇，而冒生命危險，父親在天之靈絕對不會容許我這麼做的……』就這樣，你們的父親忍著喪父之慟，忍住想報復的怒火，全心全力將心思放在人民身上，只因為這是你們祖父的遺志啊……」

母親話還沒說完，就哽咽了起來，眼淚一滴滴的流了下來，我們也跟著母親啜泣了起來……

2 青年

——父親西伯侯姬昌與我

懂事後，我和兄長們一樣，無時無刻不在等待著早日能夠替父親分憂解勞，我們彼此學習切磋，例如大哥的純孝，二哥的積極勇武，都是我效法的對象，希望自己也能擁有兄長們的優點。

為了鞭策自己，使自己積極進修求學，我立下一個座右銘：「程度不如我的人，我不與他相處，以免拖累我的進修；程度與我相同者，我也不與他相處，他對我的進修無益。只有賢者，我才與他結交，只有比我賢能的，我才與他相處。這樣我的修養學問才能有所進步。」

這種希望「無友不如己者」的觀念，不了解我的人會誤以為我自視甚高，事實上，我培養自己的才能並修養自我，並非用以求取名祿，我對自己的期許是希望早日為父親分擔責任，目的是為公而非為私。我相信將來父兄會賦予我許多期待與任務，所以我必須嚴格要求自己，不許自己有任何的蹉跎。

直到跟在父親身旁做事，才發現父親在無法無天的武乙死後繼位，飽受兩任殷天子——文丁及帝乙——的威脅，他必須卑躬屈膝的服侍殷商天子，才得以讓周地百姓充分休養生息，度過一段和平而安樂的時光。

但或許是那「射天」不敬的武乙惡行招致了報應，文丁及帝乙在位時間都很短暫。之後，天下百姓就面臨了比武乙更殘暴的君王——帝辛，也就是惡名昭彰的「紂王」。

這真是天下人民的浩劫，也可能是殷商的國祚已盡，帝乙的另一個兒子微子啟賢能，原本可以期待他為天下百姓帶來新氣象，但由於微子啟並非嫡長子，只好由年紀較小，但為王后親生的帝辛（即紂）繼位。*想不到卻因此為天下百姓及商朝本身帶來莫大劫難。

比起武乙，紂王的殘暴有過之而無不及，甚至與惡貫滿盈的「夏桀」齊名。*父親的處境實在不比祖父季歷、曾祖父古公亶父好到哪裡去。

常聽剛從殷商首都朝歌覲見回來的父親及大臣們提及，紂王腦筋聰明，反應敏捷，而且體力過人，能單手與猛獸格鬥，據說他曾徒手拖行九條牛，也能抱起宮殿的橫梁與柱子。只可惜他卻將聰明才智用來拒絕臣子的諫言，他的雄辯能力只用在掩飾自己的過錯上，他看不起輔佐他的臣子，自以為樣樣都行。

眼看紂王比武乙更是剛愎殘

放大鏡

＊也有傳言說，微子啟出生時，其母尚未為后；帝乙原本想立賢明的啟為太子，所以在王后死後，立啟之母為后，後來啟之母又生了受，就是後來的「紂王」。帝乙在與群臣商量立啟為太子事時，遭到太史的反對，因為啟出生時並非為嫡子，而受出生時，其母已立為后，帝乙不得已，只得依例立受為太子。就這樣一步之差，斷送了商朝國運，也讓商朝百姓生活於水深火熱之中。

＊有人比較過夏桀和商紂，竟然發現他們二人有許多共同點：

一、桀曾經因為酒稍微濁了一些，便將廚子殺死；紂也曾因為熊掌沒煮熟，而殺了廚子。

二、桀寵溺妹喜，背棄賢者伊尹，於是亡國；紂寵溺妲己，背棄賢人膠鬲，於是國滅。

三、桀作傾宮，七年乃成，宮大十里，高十丈；紂築鹿臺，大十里，高十丈（這些都是剝削人民自由財產以供一己享樂用，與周文王築靈臺與民共享，立意完全不同）。

四、桀自稱天之父；紂自稱天之王。

五、桀有神力，能直鉤彎鐵，手殺黿鼉；紂能換梁易柱，力格猛獸。

六、桀為肉山脯（肉乾）林；紂懸肉為林，令男女裸逐其間，是以醉樂。

七、桀為酒池，足以行舟；紂沉湎於酒，以酒為池。

八、桀囚湯於夏臺；紂拘文王於羑里。

九、桀自認天之有日，就如自己應該統治人民的道理一樣；紂也認為自己天生就帶有天命，老天會站在他這一方。兩者皆認為帝位是上天賦予，自己不必修德。

十、桀縱靡靡（淫亂）之樂；紂亦為靡靡之樂。

暴，父親日夜戰戰兢兢的處理國事——稍一不慎，自己人頭落地事小，拖累周國人民事大。

有了祖父季歷的痛苦經歷，父親特別注意從朝歌傳來的訊息。

剛從朝歌回領地，路經周地的諸侯，常順道來拜訪父親，痛斥紂王荒誕無比的暴行：他溺愛有蘇氏之女妲己，對妲己言聽計從；他命樂官譜淫亂的樂曲，並橫徵暴斂，搜括人民的財物，用以建築供自己享樂用的亭臺樓閣、寶庫獵場；對殷人所重視、尊敬的鬼神輕視侮慢；他聽從妲己的建議，挖了大池塘，池塘內不裝水，而是裝滿酒，讓紂王與妲己可以於池中划船，直接用酒杯盛池中之酒而飲，稱之為「酒池」；妲己又要紂王命人將肉以竹竿掛起，一根根豎立起來，數目之多，彷彿成了一片林子，紂

王與妲己遊樂其間，直接取肉食用，號為「肉林」；更荒唐的是，他令男女宮人，赤裸身體，追逐嬉鬧於酒池、肉林之間，終日荒淫無道，通宵飲酒作樂。

紂王如此無道，諸侯百姓當然免不了批評他、背棄他，紂王又聽妲己建議，立下了嚴格苛刻的刑罰，製作了殘忍無比的刑具。

其中最恐怖的就是「炮烙之刑」，據說這炮烙之刑是妲己有天見熨布的銅製熨斗上爬有螞蟻，銅斗一熱，螞蟻腳被燒焦不能行動，她覺得十分好玩，因此想出了這個刑罰。

用於刑場的「炮烙」是豎立一銅柱，下以炭火燒紅，紂王和妲己命犯人爬上銅柱，頓時間焦臭瀰漫；耐不住高熱者，則掉落炭火之中。妲己每見有人落下，則必噗嗤發笑。

聽到這兒，父親不禁用力搖了搖頭，大嘆：「生民何辜？就算是犯了死罪的人，也不必折磨他們至此，更何況是無辜的人民啊！」

後來，又有諸侯傳來不幸的消息。

九侯有個女兒非常漂亮，紂王想要強納為妃，但九侯之女德儀兼備，看不慣紂王的奢淫行徑，原本想趁機進諫陳情，希望紂王能痛改前非，想不到因此得罪了紂王。結果紂王不但殺了九侯之女，還將九侯剁成肉醬；前來勸諫說情的鄂侯，竟也被殺，還被做成了肉乾。

而在父親平定了黎國的戰亂後，派遣使者前往朝歌報捷，使者回來覆命，帶回了一個消息。

原來，殷商賢臣祖伊覺得國政危急，於是上朝勸誡紂王：「天子啊！上天要終止我們殷朝的國運啦！並非先王不保佑我們，而是大王您太荒淫貪樂，自己斷絕了國運，所以老天捨棄了我們，使我們不能安寧的生活，大家臉上失去了笑容，沒人遵守法典的規定。您知道嗎？現在宮外的人民無不希望我們的國家早點滅亡，他們都在說：『老天為何不懲罰我們的大王呢？老天的刑罰為何還不快點降下來？除了老天，還有誰能對付這個暴君呢？』」

想不到紂王竟然不知悔改，還厚臉皮的說：「我是天子，這是上天注定好的命運，所以老天一定會站在我這邊！」祖伊聽了，失望的搖著頭說：「大王呀！您的罪狀早已累積了許多在老天那兒，您竟然還想要老天眷顧您，真是太異想天開了！殷商的滅亡，全是您一手造成的啊！再這樣下去，不久，您的國家就要滅亡啦！」＊

事後，父親告誡我們：「兒子們！上天要使一個朝代滅亡，必先使他的君王失去民心，你們看，紂王和夏朝末代的君主桀，有多像呀！」

他又語重心長的說：「你們曾祖父古公亶父在位時，我們被迫遷到周原，他之所以不願與戎、狄交戰，是明白戎、狄之侵周乃是受殷商暴政所迫；你們祖父季歷在位時，亦曾朝覲殷王，受賜三十里地，後來，發生殷王暴斃在周地附近的疑案，演變成日後你們祖父遭殷王文丁所殺的事

放大鏡

＊此部分之記載見於《尚書‧西伯戡黎》。古時候凡是公文或書信皆名曰「書」。《尚書》所收錄的大部分為古代的公文或文告，故春秋戰國以前都稱《尚書》為「書」，直到漢代初期才稱此書為《尚書》。孔子以《詩》、《書》教授學生，此書也經孔子編纂過。

《尚書》中的〈西伯戡黎〉、〈牧誓〉、〈金縢〉、〈大誥〉、〈康誥〉、〈酒誥〉、〈梓材〉、〈召誥〉、〈洛誥〉、〈多士〉、〈無逸〉、〈君奭〉、〈多方〉、〈立政〉、〈費誓〉等篇，與周初文、武革命及周公攝政的歷史關係密切。

件。殷商離他們的臣民愈來愈遠了，我在這種險惡的環境下繼位，忍辱負重，直到殷天子文丁去世，帝乙繼位，緊張的關係才稍微好轉。

「我在位時，一共面對三位殷王——文丁、帝乙、帝辛。我一直在想，天命真的背離殷人了嗎？如果是，要如何確認呢？最近我才明白，要看天命的徵兆，就要去看民心，想知道民心，就看賢者的動向。現在，如果連賢者都背棄了殷商，那麼我們就知殷亡國之日不遠了。相反的，我們若要獲得上天的青睞，得到天命，就必須施行仁政，禮賢下士！」

也因此，我青年時期跟在父親身邊，最深刻的記憶，就是不斷的有仁人志士，紛紛前來投效父親，不但壯大了我們周國的聲勢，更使父親禮賢下士的名聲傳遍天下。後來我對於賢人極為敬重，只要有賢人來訪，不論何時，就算是在吃飯、沐浴，我也一刻不能稍縱，必定放下筷子，握著溼髮，立刻接待。

說到父親禮賢下士的事情，最有名的例子是遠處東北方的孤竹國世子伯夷、叔齊的故事。

孤竹國國王的兩個兒子都很賢能，互讓王位，為了讓對方能順利即位，竟先後逃出國土流亡，後來弟弟追上哥哥，最後二人共同合意的去處，便是父親統治的西方周國，可見當時父親的仁治名聲如何的遠播。*

父親任用的賢士有太顛、閎夭、散宜生、鬻子、辛甲大夫、南宮适、師尚父等人。其中，太顛、閎夭、散宜生、南宮适被稱為我們周王室的「四臣」。

父親要求我們，不但要尊敬這些賢人，還要向他們學習。

放大鏡

＊伯夷、叔齊最後到達西岐周原時，姬昌已過世，正巧遇到武王車載文王牌位出兵，會盟諸侯於盟津，原本想來投靠仁君西伯的二人，對德行要求純粹而至高，見武王軍隊，心雖明白，仍上前勸問：「請問這支軍隊為什麼向東出發？要攻打哪一個國家呢？」武王知二人是耿介之士，便恭敬的回答：「商紂無道，凌虐人民，朝歌百姓，如在水火之中，我齊聚諸國義師，準備弔民伐罪，為民除害。」

伯夷、叔齊聞言，表情嚴肅的說：「周是商的臣下，商是你的君主，臣下攻打主上，是不忠的行為！而你父親尚未埋葬，你不守孝，反倒起兵與人打仗，這是不孝！如此不忠不孝的行為，你應該趕快改正才是！」

左右將士聽了，人人摩拳擦掌，想教訓這兩位出言不遜之人，武王及元帥太公望深知二人為有義行之賢者，連忙阻止將士，太公望傳武王旨意說：「此二人與我們看法不同罷了，就商朝的立場來看，這二人不失為義士。我們雖不同意他們，但也不該為難人家。」於是軍隊繼續前進。武王盟津會盟之後，並未繼續進軍朝歌，而是回朝等待時機，與此二人之言是否有關，則未可知。

武王克商之後，周朝取代商朝，伯夷、叔齊隱居到首陽山上，發誓不食周朝的米粟穀物，只採野生的蕨菜來吃。

據說二人後來遇一婦人，婦人笑說：「你們說米粟是周朝的，所以不吃，蕨菜生於周朝土地，難道就不是周朝的嗎？」二人聞言，於是連蕨菜也不吃了，餓死於首陽山上。殷紂雖暴，殷舊遺民中亦有自守潔行之士，由此可見日後周公要融合周、殷二族群，其任務之難呀！

關於伯夷、叔齊的主張，後世的孟子便有不同的看法。

戰國時，齊宣王問孟子：「商湯把夏桀放逐，武王討伐紂王，有這麼一回事嗎？」孟子說：「當然是有的！」齊宣王又問：「那麼做臣子的能夠刺殺他的君主（弒君）嗎？」孟子說：「一個人具備君主的條件，我們承認他是君主，若其不夠君主的條件，我們便不承認他是君主。凡是破壞仁義，殘殺人民的，他會被全民所唾棄，我們稱他為『獨夫』，我們只知道獨夫商紂被殺，不知道何謂弒君。」

閎夭長得非常醜，臉上沒有一塊完整的皮膚，但是父親不以貌取人，只要是賢能的人，仍然重用他。

鬻子，剛來投效父親時已經九十歲了，父親見他老邁，有些遲疑，我勸父親不妨一見。見面後鬻子對父親說：「若是要叫我去打虎、捕鹿，我的年紀是有些大了；但若要叫我謀劃國事，我可還年輕得很呢！」父親知道他是賢者，便笑而接受，以上賓之禮待之。

辛甲，原是商的臣子，曾經勸誡紂王七十五次，紂王不聽，他知商紂氣數已盡，無力可回天，便投奔周，父親知道他是賢人，親自出城迎接他。

當然，父親任用的賢者裡，最具貢獻的當推師尚父。師尚父姓姜，氏呂（古代男子稱氏不稱姓，氏是封地的名稱），呂尚就

是姜子牙*。

姜子牙是位傳奇性的人物，他一生窮困，直至老年，在磻溪漁釣，遇得父親賞識——千里馬遇得伯樂——方有機會成就功業。

父親初與姜子牙談話，大為欣悅，慨嘆：「我的祖父古公亶父預言會有聖人到周地來，輔佐周室興起，想必您就是這位聖人吧！我祖父已經盼望您很久了。」

據說父親出生時有吉祥的徵兆，曾祖父為之占卜，得知將有聖人前來輔佐，使周族興盛。父親認為曾祖父（又稱太公）所卜的聖人就是呂尚，因此稱呂尚為「太公望」，父親用自己的車子

放大鏡

*據說姜子牙曾於商紂朝中任職，見紂王無道，於是棄官而遊說諸侯，想有所作為。但諸侯不能採用其策略，於是到磻溪漁釣，以待明主。

民間傳說姜子牙釣魚，魚鉤是直的，離水三尺，他對魚兒說：「願者上鉤。」表明釣的是能安定天下的賢君明主，而非區區漁獲。

載他，一同回到周都城，拜他為軍師。

父親事後對我們透露，他與太公望碰面當日，正準備打獵，行前精通易理的父親自己占了一卦，得到的預言是：「打獵所獲得的獵物不是龍、不是鳳，也不是虎，也不是熊。所獲得的會是稱霸天下的輔臣。」後來果然遇到太公望。

當我私下和太公望閒聊時，他向我透露，他當初之所以會想投靠西方的周國，主要是因為他曾經聽說在周國境內，有百姓犯罪，被抓到西伯侯面前，西伯侯便在黃土地上畫個圈，命罪犯立於圓周內服刑，罪犯竟不會逃跑。他心想連罪犯都能守信，則治理此地的領導者必定是天命託付的對象呀！因此，不願在商紂朝廷裡，從事興建鹿臺等勞民傷財之事的太公望，便下定決心投奔父親西伯侯。

在商紂壓迫下，父親和周的眾賢臣們，暗自修持德行，使得四方諸侯前來投奔，間接的也逐漸削弱商朝的勢力，其中文武兼備的太公望，獻策良多。

輔政賢臣還有史佚，同姓賢臣有畢公高、召公奭等，這些賢人不但輔佐父親，對後來二哥武王弔民伐商、統治天下也有很大的幫助。

父親任用賢能的優點，間接的也影響了我們兄弟，在與這些賢者*共事期間，他們的經驗、道德，也豐富了我們的心靈與智

放大鏡

*武王曾說：「我有輔佐我治理天下的大功臣十人。」細數這十人應分別是周公旦、召公奭、太公望、畢公、榮公、太顛、閎夭、散宜生、南宮适，另一位則是其母親太姒，這些賢臣都是文王留給他的最大資產，也是使武王能成就大業的最大助力。周公攝政理國時也曾說過類似的話，而其口中的十大賢臣，大概也都不脫這些人。

武庚叛亂時，周公能與召公、太公合作平亂，尊重賢能，才不自恃，故而能屏障周室，保全天下。

慧。

曾經，我陪著父親登上高處瞭望，看九州諸侯前來周地集會，當時父親很感慨的對身邊的我說：「孩子呀！看到這些諸侯們被紂王奴役，辛苦而可憐，為父的該怎麼維持我們周族仁治傳統，來保護我們的人民，守住祖先的基業及遺訓呢？我該怎麼樣治理國家，實踐祖先仁民愛物的精神，才不會違背天命呢？」

我知道父親心裡擔憂殷商暴政對人民的傷害愈來愈深，我安慰父親說：「商王暴虐無道，忽視道德，欺侮群臣，奴役百姓，污辱諸侯，他的國家基礎以及祖先遺留下來的福分是會喪失殆盡的。紂王只任用亡命之徒，不肯任用好人。我們只要勤於奉祀上天，使自己的德行純真善良，具備禮儀，做事誠信，謙虛和善，態度恭敬，配合上天好生之德，一定可以獲得天命。」

我希望自己成為父親的得力助手，能為他分憂；也祈求上天賜予我能盡到為人子、為人臣義務的能力。＊

我和兄長以仁德相互勉勵，也都明白父親之所以謙和恭肅的事奉殘暴的商紂，而不急著推翻他，是為了維護道德與天命，希望不要破壞人世與天理的良好維繫，讓人民不至於因為躁進的行動，而慘遭顛沛流離。這也是父親終其一生不願興兵伐紂的最主要原因。

由於父親德行遠播，因此諸

放大鏡

＊傳說周公的外表並不特別俊美，荀子說：「文王長，周公短。」意思是指文王身材高大，而周公的身材矮小。也有說周公是駝背的，說其身材有如枯木。無論如何，周公的外表似乎其貌不揚，但外表對周公的修行並無影響，周公的內涵是完美無瑕的。他對父兄極力尊敬，對於幼主成王極力輔佐，就算被全天下的人誤會，被親兄弟污衊自己的清白，為了天下及王室，不得不忍辱負重，一肩扛起所有的責任，為周室創下八百年的國祚，也為數千年的中華文化奠定基礎。

侯歸心，國勢日強，不免還是引起了紂王的嫉妒，竟藉口將父親囚禁於羑里。

當時，大哥伯邑考最為緊張，擔心祖父季歷被害的事件重演，主張由自己帶著珍寶前往朝歌交換人質，希望能將父親救回。

雖然我們和大臣們都覺得不妥，但大哥堅持前往，他對大臣們說：「商王因為對周有所顧忌，怕周反叛，才囚禁我的父親，現在我前去作人質，商王自然可以安心放我父親回來，至於國事，有賢能的二弟在，你們就好好輔佐他吧！」大哥天性純孝，害怕年事已高的父親受不了黑牢的惡劣環境，我們和大臣們阻止不了他。

大哥日夜趕路，火速奔至朝歌。

當時，因為天下人都稱父親

為聖人，紂王害怕諸侯擁戴父親而對自己不利，所以不願釋放父親回周。大哥因為不忍父親遭到囚禁，前往覲見紂王並表明欲以自己代替父親為囚。但想不到紂王卻將大哥殺了，做成肉羹，命人端給父親吃，因為朝中奸臣向紂王表示父親擅於卜卦，能以占卜定吉凶，於是慫恿紂王試驗父親。

父親推演八卦，早已得知端來的是自己長子的肉，雖然悲痛，但明白若不吃必然會有殺身之禍，於是含淚吞下。紂王得知父親食用了自己親生兒子之肉，大笑說：「誰說西伯姬昌是聖人，哪有聖人連自己兒子的肉都分辨不出的！」

於是紂王不再覺得有囚禁父親的必要，加上周賢臣的奔走——幸賴賢大夫閎夭、散宜生及呂尚等，投紂王所好，以賄賂獻貢之計使父親脫身——紂王便放了父親，甚至還賜給父親征伐諸侯的權力。

間接而言，大哥伯邑考的犧牲也是父親獲釋的關鍵。

父親獲釋後，聲望更高，勢力更大，號稱「三分天下有其二」*，國家日益繁榮，原建都豐邑的父親，又在豐邑的東面營造了新的都城「鎬京」，周國國運益發昌盛。

父親任用賢能，施行仁政，感化四鄰，我印象最深刻的例證就是虞、芮二國的國君，曾為了田地分界的問題吵鬧不休，後來聽說父親賢明公正，於是相偕到

放大鏡

*孔子曾經稱頌西伯侯姬昌說：「三分天下有其二，以服事殷，周之德可謂至德也矣！」意思是說當時西伯姬昌的勢力雖然已大過殷商紂王，但是由於革命時機未到，姬昌不驕傲，仍以臣子之禮服事殷，這是很高的修養。事實上，姬昌為了避免太早的征伐，戰事拖延，致使百姓塗炭，所以仍然事奉殘暴的殷天子，這實在是仁愛的表現。

周國來請求父親裁判。想不到兩人一入周界，就發現在父親統治下的周地，耕作的農民都互相謙讓，主動提供自己的土地作為通行之用，不會計較自己是否吃虧；路上行人也都彼此相讓，沒有爭先恐後的；再往前走，發現上了年紀頭髮花白的長者，手上總是空的，因為年輕人總是爭著要幫老年人拿東西，而民眾的習俗風氣都以禮讓為貴，因此不會有爭端發生。

虞、芮二國國君看了之後既感動又慚愧，二人商量說：「周人這樣互相謙讓，大家都是彬彬有禮的君子，我們怎麼好意思把『爭田地、分界限』這件事說出來呢？這豈不是會笑掉周人的大牙嗎？我們還是算了吧！」於是二位國王互讓爭執的田地，最後將它認作中間閒田，雙方都不來收取。

這件事流傳出去後，詩人開始作歌傳頌，諸侯之間傳說著上天將「天命」給了父親，殷商帝王不再享有天命……

別人看周人的傳統覺得不可思議，但其實我們從小就被灌輸「先盡義務再享權利」的思想，每個人先想到自己應該做的事，先在乎如何讓別人方便，別人同樣也會為我們設想；若每個人只想著自己的權利，別人一樣也會只顧著他的權利，大家各自計較著「該享多少權利、沒享到多少權利」，這樣自然容易起爭端。

父親雖然不願勞民傷財，但也曾建築過一些亭臺、園地，如靈臺、靈囿、靈沼等，但父親的目的是營造公共建設，開放給人民同享，與民同樂，希望人民有遊憩的空間；這與紂王為了討妲己高興，動用成千上萬的老百姓，花了七年的功夫修造鹿臺*

以供個人享樂的作法完全不同。

父親建造靈臺時曾發生了一件事，由此也可看出父親的愛民如子。

當初挖掘靈臺地基時，趁農閒來支援建造的百姓們挖掘出了一副人骨，父親即刻謹慎的命人將其裝殮，擇地依禮安葬，人們對他說：「這只是一副無主的枯骨，何必這麼大費周章，隨便處理就好了！」

父親說：「我乃是一國之君，是人民的領導者、保護者，人民的生老病死都是我該負責的事，這枯骨是我周族的，怎可說是無主枯骨呢？」這事傳出後，諸侯國君及人民都感嘆著說：「西伯真是一位賢明的君主呀！連枯骨他都願意照顧，更何況是活著的人民

放大鏡

＊這座鹿臺有三里大，其中樓閣亭臺重疊無數，非常華麗。紂王甚至向老百姓強收珠寶珍物，來裝飾宮室。

呢！」

除了生計上的照顧，父親還主張重視教育，廣設學校，教育青年學子。

我跟隨父親，親眼見到父親種種愛民的措施及政策。由於父親的仁德善行，使人民歸心，諸侯擁護，國力日盛，最終才能推翻暴政，建立周朝。

在我的心目中，父親是全世界最偉大的人物。

後來我協助二哥武王治理朝政，時時刻刻不忘彼此提醒從父親那兒學習來的道理。我自青年時期便跟在父親身邊學習，父親的禮賢下士與仁民愛物等種種身教與言教，均給我莫大的啟發。

3 成年

——二哥周武王與我

虞、芮二國國君來周之後，天下間便不斷流傳著父親領受了天命的說法，但父親一直認為若非時機成熟，絕不可輕舉妄動，因為伐商起義不成，極可能讓殷人民及周人民同時陷入水深火熱的境地。

過了七年，父親逝世，大哥又已犧牲，因此二哥發名正言順繼任西伯，他也就是後世所稱的周武王。二哥個性剛強進取，一心希望能繼續父親未完成的志業——弔民伐商，解救天下萬民於水火。

二哥即位後以太公望為軍師，命我隨行輔佐，和召公、畢公一起任職參謀，號召諸侯起兵伐商。二哥為紀念父親，並不重新紀年，所以在武王九年（即父親文王受天命後九年）奉父親遺志出兵伐商。不但隨車供奉著父親的牌位，且二哥雖然已即位，仍自稱為太子發，宣示他只是奉父親遺命征討商紂，並不是一己的意思。

此舉是希望以父親在世時的德行聲譽，號召諸侯繼續支持新任的西伯，並一同討伐罪人商紂。軍隊到達盟津時，二哥領軍渡河，行至河中，有白魚跳入舟中，二哥俯身將牠抓起，用以祭祀天地；過河之後，又見天上降下一團火球，來到二哥的營帳前，突然變成一隻紅色烏鴉。有此種種異象，加上當時諸侯不約而至的有八百國之多，來會師的諸侯們都建議：「時機到了，現在可以伐紂！」。二哥卻說：「大家還沒完全了解天命之所歸呢！時機尚未成熟。」於是慰勞諸侯之後，便班師回朝。

二哥事後表示，他不出兵的決定，原因有三：其一是我們尚在服喪期間；其二是殷商朝廷尚有賢臣輔佐，這表示天命似乎還未完全背棄商朝；其三「盟津之會」主要在測試諸侯對新任西伯的支持度，攻商之舉尚待籌劃準備。

二哥剛即位時，曾經對我說：「我細心觀察父王還有哪些未完成的事業，希望能達成父親的遺志，我認為治理國家應該嚴格禁止五種會導致災禍的行為：大興土木勞民傷財、敗壞司法審判制度、沉溺於女色舞樂、過分依賴武力和禱告、遊樂而不努力。」

我點頭稱是：「沒錯，父親如果在世，一定同意你的說法。」

二哥和我常在一起商討伐紂之事，這位新即位的西伯雖然勇武果敢，但有時面對革命大事難免彷徨驚懼，我們兄弟二人常以天命及父親生前的言行舉止及教誨彼此提醒、相互勉勵，以期完成父親遺志。

盟津之會後，過了二年，即武王十一年時，二哥再次起兵伐商，這次終於完成推翻暴政的理想……

記得，那時是朝歌傳來消息說紂王更加的暴虐了，紂王不但將其賢能的叔父比干剖心，囚禁賢臣箕子，而且殷商的太師、少師懷抱著殷商的禮樂器具投奔周朝。我和二哥明白天命轉移的時機到了，於是便通知各國諸侯：「殷紂作惡多端，現在我們要澈底的剷除他！」於是仍以父親的名義出師伐紂，當我們的軍隊渡過盟津，諸侯皆來會合。

二哥於是作〈太誓〉（也有寫成「泰誓」）一文誓師以鼓舞士氣。內容大略是這樣的：「現今殷王紂聽信婦人妖言，棄絕上天交付的責任與規範，毀壞典章制度，背棄親族兄弟，斷絕祖先留下的禮樂制度，竟然將祭祀清樂改成靡靡之音，以淫亂的聲音擾亂正統的樂曲，究其原因竟只是為了取悅婦人。這種種荒謬的罪行，我將代替上天處罰他！」

〈太誓〉中最重要的一句話是：「天視自我民視，天聽自我民聽。」意思是說上天評斷天子的好壞，是取決於人民的心意，所以國君最重要的事就是愛護人民，使人民安樂，而不是仗恃著自己天子的身分奴役、虐待人民。

我們的部隊行軍數月，終於在二月甲子日的清晨到達了殷首都朝歌的近郊「牧野」。二哥武王集結了周以及諸侯國的軍隊，再一次的誓師，此次誓師二哥請我撰寫誓辭，稱為〈牧誓〉。

誓師時，二哥左手拿著黃金斧，右手揮動著白令旗，對兵士們宣告：「辛苦了，與我一齊由西方起義，為征討罪人而來的夥伴們——諸侯國君、統帥、將軍、軍官、士官以及戰士們，舉起你們的武器，我要向你們宣誓：古人說：『母雞不該在清晨鳴叫。母雞越俎代庖擔任清晨鳴叫的工作，就表示這家人的家道要中落了。』現在殷王紂只聽妖婦妲己的妖言，斷絕祖先的祭祀，拋棄了對家國的責任，遺棄賢能的親族兄弟不用，只任用四方逃亡而來的罪人，縱容他們對百姓施行暴虐。今天，我們要替天行道，讓紂王接受上天的處罰！」誓師之後，諸侯支援的軍隊一字排開，一眼望去，前來會合的軍隊共計有戰車四千多輛，準備列陣於牧野。

起義的軍隊到達牧野之前，殷商朝廷派了賢者膠鬲為使臣，前來求見二哥。膠鬲見了二哥就

說：「西伯侯您將要到哪兒去呢？請據實說，別欺騙我！」

二哥答：「老實說，我是要往殷商的首都朝歌前進。」

膠鬲早已心知肚明，嘆了口氣問：「那麼我的天子派我來請問您——準備何時到達呢？」

二哥斬釘截鐵的說：「甲子*日當天！您可以如此回覆派您前來的紂王，讓他知曉。」

於是賢者膠鬲便回去覆命。

想不到隔天卻下起了大雨，軍隊人馬前進不易，二哥卻要求大家快馬加鞭前進。軍師太公望勸二哥說：「這樣子趕路下去，怕您身體會受不了，請您下令休息吧！您何必一定要趕在甲子日到達呢？想也知道，紂王必定在那兒以逸待勞，集結大軍，準備乘人之危攻擊我們哪！」

*甲子　古人以天干、地支記日。

二哥堅定的說：「我已經告訴賢者膠鬲我軍到達的日期，如果我遲到了，依紂王那殘暴的個性，賢者膠鬲大概也活不了了，我如此辛苦趕路，就是為了要救賢者一命啊！」

在二哥身旁的我，望著二哥，心中卻不自主的想起在建靈臺時發現枯骨，慎重依禮將之安葬的父親……

我軍冒雨連夜趕路，果然趕在甲子日當天到達。

不出所料，紂王早已列陣完畢，企圖趁我們長途跋涉，身心勞頓之際，伺機發動攻擊。當時賢者膠鬲雖然勸阻紂王，認為此舉不妥，實有失王者風範，但紂王不聽。

我們的軍隊雖在人數上居於劣勢，但將士們見武王重情重義，而紂王如此小人，莫不義憤填膺，故軍隊氣勢如虹。

紂王軍隊早已不滿紂王暴政，今又見紂王氣度盡失，均不想為他打仗。

紂王見周大軍已近牧野，派出了七十萬大軍預備對抗我們。

二哥不待諸侯軍完全到齊，先讓自己統領的西岐軍隊率先上陣，他命令太公望率領數百精兵，衝殺敵陣，取下不少敵方將領首級；接著以西岐戰車三百五十輛，步兵二萬六千二百五十人，以及虎賁戰士＊三千人為先鋒，迎戰紂王的大軍。

紂王的軍隊雖有七十萬之多，但有一大半是臨時武裝起來的奴隸和從東夷抓來的俘虜，他們平日受盡紂王的壓迫和虐待，早就恨透了紂王，誰也不想為紂王賣命。商軍對紂王失望、不滿，皆無戰鬥之心，兵士心裡反

＊就是指勇士，稱他們像虎獸般勇猛。

而都希望武王的仁義之師趕快進入朝歌，推翻紂王。

於是，紂王的軍隊紛紛倒轉兵器，朝向紂王，並且讓出一條路，讓武王的軍隊通過。紂王見狀，迅速逃走，躲入王宮之中，這才發現宮人臣子，早已逃得不知所蹤，紂王見大勢已去，心中害怕被俘後，會被敵人用他自己發明的刑具凌虐，於是登上他用民脂民膏搭建成的鹿臺，穿上珠玉裝飾的華服，自焚而亡。

有人譏諷紂王說：「紂王的敵人做的是殷商子民盼望君王做的事，而紂王自己卻做出民眾厭惡見到的事情，就算是先將軍隊陣勢排列好又如何，紂王自己所犯下的惡行都是在幫助對方成功呀！」

二哥見紂王軍隊皆已投降，舉起大白旗指揮後方諸侯大軍，進攻殷商國都朝歌，各國諸侯全部聽從二哥指揮，而殷商百姓老早就等在城門外迎接了。

二哥入了王宮，到達了紂王自殺的鹿臺。二哥親自舉弓射向紂王屍體，射了三箭之後下車，再以輕劍刺擊，最後以黃金斧鉞斬紂王頭顱，懸掛於大白旗上，以示代上天對紂王暴政罪行之懲罰。

不久，危禍天下的妲己也上吊自殺了，二哥亦舉弓射三箭，並以劍刺，最後以黑斧斬其首，懸掛於小白旗上。

對這些罪人彰顯刑罰後，二哥便出來慰勞軍隊，並出城回到軍營。此舉是希望讓朝歌百姓的生活秩序不受影響。

隔天，二哥才命我和大臣們依禮通知朝歌百姓，命人打掃開道，將殷商的土地神廟及王宮維修完整，二哥領諸侯義軍正式進入朝歌，那時六弟振鐸駕駛二哥

的軍車，我手持大斧，畢公持小斧，立於二哥左右，散宜生、閎夭、太顛持劍護衛，我們一行人先入土地神廟祭拜，敬告神明已將暴虐之紂王正法，依天命所賜，建立周朝。

二哥入殷，聽說朝歌住有賢能長者，二哥與我興奮的前往拜見，請教殷之亡國原因及治國之道，以作為我周朝的警惕及參考。

這位殷人的長者對二哥說：「大王您若想知道，請明日中午來此相見吧！我必讓您明白。」二哥與我隔日依約前來，卻見不到長者。二哥覺得奇怪，我卻明白了長者的用意，我對二哥說：「我知道長者的意思了！他真是一位君子啊！我們打敗了他的君主，又來請教他殷商之所以滅亡的原因，這位君子不忍心講呀！雖然紂王千錯萬錯，但畢竟也是殷人的國君。逝者已矣！他不願當您的面訴說自己國君的不是，所以他故意失約，藉此也就明白的告訴您——言而不信，失仁失義，這就是殷商所以亡國的原因哪！」

二哥率諸侯推翻了紂王暴政，入朝歌，將紂王搜括來的財寶、糧食，全部發放給貧苦的人民，並將無辜被囚的賢臣、百姓釋放，且一一追封比干等冤死的賢者。

因紂王無道，假裝發瘋而被紂王囚禁的箕子，被二哥由獄中釋放出來。箕子懷念故國，不肯臣服於周，率領了幾千人，流亡到朝鮮，在朝鮮北部的平壤，建立了一個國家。二哥知道了，並不介意，並派使者賜給他不必以臣子之禮來朝貢的權力。

二哥處理完起義軍政大事後，命我主持分封諸侯之事，我建議分封先古聖王之後代、功臣及親族，讓歷代聖王的德行能澤被子孫；並且讓紂王之子武庚繼續統治殷地，維持殷人的秩序，也請三哥管叔、五弟蔡叔、七弟霍叔就近監督輔佐，分封於殷地周圍，稱為「三監」＊。

我和異母兄弟召公奭原本有封地在魯、燕，但二哥希望我們留在王室輔政，故封地皆由長子代領。

召公奭在周王畿＊之內的召地另有采邑，故稱召公，其子封於燕；而我管領王畿內原周國故地，故被稱為周公，長子伯禽＊封於東方的魯地，因為東方仍是殷人的勢力，局面尚未穩定，我讓長子伯禽繼續在那兒平定反對勢力，並作為周室的屏障。

二哥分封諸侯之後，大會天下諸侯於殷郊。

二哥和我處理完善後事宜，便回到周地，解散軍隊。

我參與了克殷的戰役，成功後與召公一齊負責恢復戰後的秩序，二哥採納我的建議*：「讓人民各自安居在原來的地方，各自耕種原來的田地，不要有舊時代的陋習，也不要有太多變動，將賢能仁厚的人推舉出來，參與治

放大鏡

＊**三監**　有人說所謂的三監是指管叔、蔡叔及武庚，也有人認為是不計入武庚，而另有霍叔為三監之一（但之後的三監之亂，霍叔似乎涉入較少）。

＊**王畿**　周王室直接管領，未分封給諸侯的土地。

＊周公之妻娶自薛國，姓任，她的行止在歷史上較少記載。而其長子為伯禽，後來封於魯國，是魯國的開國祖先。

周公的妻子任氏似乎是在成王即位之初去世的。《禮記》記載子夏曾經問過孔子：「父母過世未滿三年，是不可以發起戰爭的，這是禮節的規定嗎？」孔子回答說：「我曾聽老子說過：『魯國開國國君伯禽曾經違背這項規定。』」伯禽違背禮節的原因是因為當時有徐戎作亂，征戰是因為奉周成王的命令，故無法服喪，可知伯禽無法服喪時間在周成王初即位之時，而當時周公仍健在，故可知伯禽違背的乃是母喪之禮。

＊據說滅商後，對於如何處置殷商王室和貴族，周武王曾徵求大臣的意見。太公望認為：「將這些人統統殺掉，免留後患。」武王不同意，又找來大臣召公商量。召公說：「有罪的殺，沒罪的留下。」武王心裡想：「舉凡有罪者，不分輕重一律殺掉也不行。」於是，武王又找來周公。周公說：「讓殷人在他們原來的住處安居，耕種原來的土地。爭取殷人當中有影響、有仁德的人加入治理的行列。」

理工作。」

在舉行殷郊大會時，二哥尚憂心著天命是否已經降給周朝，萬一不是，百姓是否又會遭受戰禍之苦？

二哥因太過憂勞國事天命，於克殷後二年，即武王十三年，罹患重病，太公望及召公奭著急的說：「我們得趕快恭敬的為君王占卜吉凶，了解上天的意思。」

我想：「僅是占卜，無法感動先王的神靈。這可能是先王祖先思念子孫所致，想要二哥去承歡膝下，但商才滅亡二年，周朝的一切都沒有安排妥當，國家不能沒有二哥！」

於是我築起了三座祭臺，設了曾祖父太王（古公亶父）、祖父王季（季歷）和父親文王的靈位，親自打掃乾淨，將祭壇設在南方，沐浴齋戒，穿上祭服，面北而立，將璧玉及玉珪放到祭壇上，向曾祖父、祖父及父親禱告說：「您們的長孫*罹患了重病，您們三位先王在天之靈，實在有責任保佑您們的子孫，如果您們是需要子孫來服侍，就請用我來代替吧！

「我自認仁義的修養還有些像父親，還算多才多藝，絕對足以服侍您們的神靈。您們的長孫發，不像我學會許多適合服侍鬼神的才藝，他受有天命，負責統治四方天下，還是將他留在人間，保護您們的子孫百姓吧！

「現在天下的人民，大家都尊重您們的長孫，他是一位適合統治萬民的國君哪！希望您們將他留在人間，不要使上天賜給我們周室的國運中斷，這樣您們也才能一直享受王朝的祭典哪！

放大鏡

*武王發是文王的次子，季歷的次孫，但姬發的長兄伯邑考已不在人世，故稱武王姬發為長孫。

「我現在就到大龜那兒去占卜，看看您們是否答應我的祈求，您們若答應我，眼前的璧玉及珪玉便獻給您們，然後我回去等待您們的召喚，您們若不答應我的祈求，那我就把璧玉及珪玉收回。」

我以大龜占卜三次，通通都是吉利的徵兆，再展開占卜之書查看卜兆的說明，也都是吉利的。

我大大的鬆了一口氣，心裡想:「根據卜兆，二哥應該不會有問題了，我剛剛接受了三位先王的命令，他們都表示會為周朝子孫著想的，我們就靜待二哥病情的好轉吧！我相信父親及祖先，能夠明白我的祈求的。」

我命祭官將記錄下的禱詞鎖進皇家的保險箱「金縢之匱」裡去——金縢之匱是用金屬繩子束紮鎖縛的櫃子，通常裝著重要的占卜書及文件——我囑咐參與祭典的官員，絕不可洩露此事。

然後，回家靜待父王和先祖們的決定……

壯年

——姪兒周成王與我

雖然，經過我的祭禱，二哥的病果真好轉；然而，因為不斷的為國事操勞，二哥最後仍拋下我們，離開了世間。臨終前，二哥喚我至他的身邊，表示希望由我繼承王位，如同他繼承大哥伯邑考一樣。但我執意不接受王位——我認為二哥有後，且二哥的功業鉅大，絕對可以德蔭後代，永保天命。

但我答應二哥一定會好好輔佐未成年的周天子——姪兒姬誦，因此，二哥臨終前便將幼子姬誦託付給召公和我，姪兒姬誦就成為後來的周成王。

姪兒成王誦既未成年，還需仰賴他人之輔佐，而且依當時的禮制，他還需要為父親守喪三年，如此一來，政事自然應由

「冢宰」＊（即我與召公奭）負責，這是代為處理政事的「攝政」，而非代理王位。

古時候君王去世，百官應聽命冢宰三年，目的是讓繼位世子能夠安心守喪，立下孝的榜樣給天下人作為典範。二哥即位時是為了要完成父親遺命，展開了革命行動，故而例外，但也因為如此，二哥武王不改年號，視父親猶仍在世。

然而，我卻萬萬想不到，輔政的那段期間，我竟遇上了一生中最大的挑戰。從小到大，指導我、教導我，讓我依靠的父親和二哥那時都不在我身邊了，那真是……真是……既孤單又驚險的考驗呀！

放大鏡

＊冢宰　周代官名。周時，國政分別由「六卿」執掌，「六卿」即天官冢宰、地官司徒、春官宗伯、夏官司馬、秋官司寇、冬官司空，因此「六卿」又稱「六官」。「冢宰」為六卿之首。

在我輔政時，姪兒成王生了重病，我剪下自己的指甲，沉入大河，向天祈禱說：「天子年幼，所有政事都是由我處理，若有不合天意的地方，都應該怪我，請上天處罰我吧！不要處罰天子。」

姪兒病癒之後，開始親政，不料卻因小人讒言懷疑我，我為避嫌，最後只好出奔到東方……

權力的擁有容易使人腐化，權力的誘惑導致蒙蔽良知！

二哥過世後，委託我輔佐政事，這使得三哥管叔鮮心裡不是滋味，聯合了同為「三監」的五弟蔡叔度、七弟霍叔武，竟和殷舊太子武庚串謀，準備抗拒周室，並散播謠言說我將對幼小的成王不利。

謠言沒有什麼好恐懼的，但是有人相信的話就另當別論了。我是成王的叔父，三哥、五弟和七弟也是成王的叔父，這也難怪

姪兒成王會有所疑慮；加上他年紀小，不知守喪三年、不問政事是古禮（奸人們只告訴他說他的父親武王並未如此做），這樣外有三監的謠言，內有姪兒的不信任，你們應該可以想像那時我處境的尷尬和艱險。

我心中不時想起母親告誡我的道理——凡事先問是否盡到義務——我答應二哥輔佐姪兒成王，只消捫心自問是否遵守承諾，至於外面的毀謗，成王的猜疑，都不是我該煩惱的了。

三哥管叔的心理也不難推測，自古以來，王位繼承有兩種方式：「父死子繼」或「兄終弟及」，即王位可以傳給兒子，也可以傳給弟弟。二哥武王早逝，姪兒成王年幼，若以「兄終弟及」的規矩，三哥當然是第一順位，然而二哥竟然起意要傳位給我，當然會使三哥嫉妒不服，而我不願繼位也就罷了，還說要全力輔佐成王，這不啻是阻絕了三哥繼位的機會，成為三哥登上王位的絆腳石。

由此也可看出，二哥臨終前的顧慮沒錯，年幼的姪兒處境其實非常艱難——除了外有尚未平定的殷商殘餘勢力，內也有叔父們對於王位存著非分之想。

而謠言殺傷力實在太強了，竟連一路走來與我並肩作戰，共同輔佐二哥的召公奭，也對我產生了誤會。

召公奭與我同為受武王託孤的顧命大臣，奭個性耿直保守，眼光只放在如何輔佐成王，但我除了王室興衰外，尚時刻注意天命所向，我極力思考的是如何使周室長存，而非僅一世之業。

奭的個性與我不同，可由以下的事件看出：奭見我如此處境，深以為戒，日後他受命輔佐成王之子康王時，便不再讓天子為父守喪三年，直接讓新天子親政，其實就是怕我受讒事件再度重演，以懼讒而廢禮，實如因噎而廢食，周朝的禮教於是愈來愈走下坡。

召公奭和我是輔佐成王的左右手，奭也是我政治上最忠實的夥伴。其實他最能理解我的心意，明白我不可能貪求王位，絕對不會對姪兒成王不利。然而他氣我一直不願公開澄清流言——做攝政大臣是件勞累的事，為什麼要讓大家這樣誤會我，他知道我大可在采邑裡安享天年，苦守在這個職位上，得到的只有無窮的義務！

我對流言並不一一辯駁，自願蒙受不白之冤。召公奭勸我澄清卻被我拒絕，所以他生氣的想辭去職位。

我當然沒有獨裁的野心，只

是我考量天下安危，我自己被誤解損害的是我個人，只要召公奭和成王信任我，我不必理會奸人的抹黑，只要努力盡好維護周室的義務。我明白謠言的興起，目的就是想把我趕下臺，讓年幼的成王無所依靠，敵人才能趁機對成王不利。因此，我不會讓奸人有可乘之機。

我並不擔心謠言影響，只擔心朝中無召公奭這般賢臣輔佐成王。召公奭是與我共事多年的忠臣，我攘外，還須他安內。我知召公奭是位賢者，周王室不能沒有他。面對召公奭的辭意，我還與他懇談了很長的一段時間，極力慰留他，希望召公奭能作為支持我的後盾。*

那時我語重心長的對召公奭說：「阿奭！天降下了可怕的滅國

*這段話後來記錄在《尚書・君奭》篇裡。

災禍給殷商一朝，商朝喪失了他們的國運，我們周朝也已經接受了天命。但我不知道，我們的功業是不是可以永遠合乎上天的要求，使祂一直賜給我們吉祥的國運。老天是不可以太過信賴的，我不曉得是否有一天，我們周室也會像殷商一樣走上不吉祥的道路。

「唉！或許老天已經認為我們很善良了，但我也不敢因此就懈怠下來，天真的以為上天永遠會將天命交付在我們手中，我時常回想起老天發威發怒時，殷商王室的下場，我們必須不斷的修德才能讓人民不致怨恨。若是我們的後世子孫，行為太過分，不能尊敬天地，不能固守祖先奠定的光榮基業，不了解天命是那麼不易保持、難以信賴捉摸，那麼很可能我們周室就會失去國運，不能永久繼承祖先那恭敬而光明

的德行。我沒什麼長處，只希望能把祖先的光彩，轉移到我們這年輕的君主身上呀！」＊

我再次強調：「老天是不可信賴的呀！然而我們治國的道理就是將文王的美德一直延續下去就對了，擁有那種美德，老天便不會把授予文王的天命廢棄掉。

「阿奭！我聽說殷朝開國君主成湯接受天命時，有賢臣伊尹在旁輔佐，故能以精誠感動上天；傳到殷王太甲時，就有像保衡那樣的賢臣輔佐；在太戊時，有像伊陟、臣扈這樣的賢人，以精誠感召上帝，還有巫咸，一齊來保護殷商王朝；而在祖乙時則有巫賢這樣的賢臣輔政；在武丁時，也有像甘盤這樣的能人。就因為有這些人在位，保護殷國，所以那時的殷代君主死後，都有資格配合天帝享受祭祀，經歷了百年而不輟。老天總是把輔佐的忠臣賜給天子的，於是官員們和君王的皇親國戚們，無不保持著美德，明白憂患之所在；在君王身邊的官吏以及諸侯們，也都能勤勉的服務人民。因為這些官員實行美德，用美德來護衛他們的君王，所以殷天子對天下施政，他的政令就如同占卜一樣，沒有人不信賴的。＊

「阿奭！老天曾經降下國運，保護殷國，讓殷繼承夏代，如此老天才不再為夏末人間的無

放大鏡

＊由這些話，可知周公一直強調現在絕不是周室可以享福的時候，由殷商的下場就可以明白，老天賜給人間天子的國運，隨時都有可能收回。天子必須時時刻刻努力修德，不讓老天有收回天命的藉口，周公輔政就是希望讓年輕君主了解這點，不要懈怠，絕不能如紂王一樣，以為身為天子，上天便會與他同在。

＊這也是文王、武王一系相承的天命觀——賢臣為天命的象徵。故文王遇太公望而喜；武王首次大會諸侯於盟津，諸侯曰商紂可伐，但武王回答諸侯說殷商天命未盡喪，待紂王殺了比干之後，武王、周公便知上天已將天命收回，故可舉兵伐紂。周公舉這些例子是要召公以天子之賢臣，天命的象徵為目標，努力修行仁德善政，幫助成王安享天命。

道發怒，現在你也必須想著這事，那麼我們才會保有穩固的天命，才能光顯我們新成立的國家。

「阿奭！從前，上帝肯定是一再的觀察父親文王的品德，故而將天命降在他身上。父王有像虢叔、閎夭、散宜生、太顛、南宮适等賢臣輔助，如果說臣子們不能勤勉的遵循著上天的教訓，那文王就沒有恩德降給人民了。這五位賢臣明白老天懲罰人們的原因，同心協力，專心一志的輔佐文王，保持著周之美德，使文王德行藉由人民的嘴巴傳進上天的耳朵裡，故而上天將原本殷朝保有的天命，賜給了周。

「武王時，文王遺臣只有四個人還生存著，後來他們和武王奉行老天的刑律，把他們的敵人通通消滅。也因為有這四個人輔佐著武王，奮勉的做事，於是大大的施行了恩惠。

「現在的我，就好像即將要渡過大河一般……阿奭！我需要你的合作，才能安全渡過去；我是愚昧無知的，而在職的官員卻沒有人來責備我；我所做不到的，沒有人來勉勵我；我老了，卻還不能把德惠降給人民；我連鳥叫聲都快聽不見了，遑論還要感動神明呢？

「唉！對我剛剛所說，請你一定要聽進去，並且三思呀，我們周人接受了天命，這是無窮的吉祥，但同樣也代表著無限的艱難。我跟你解說這道理，是為了彼此勉勵，我們不要讓後代的子孫迷惑失途呀！

「武王曾經宣布他的心意，希望你作全民的表率，他說過：『阿奭你要奮勉的輔佐君主，要忠實，承受這天賜的命運，不要忘記繼承著父親文王的德行，永遠為國家人民保持無窮無盡的憂慮。』*

「阿奭！我誠心的告訴你，身為天子太保的你，應當謹慎的和身為太師的我，一同以殷人的滅亡作為借鏡，從而顧慮我們也可能遭受上天同樣的責罰。我想你已明白，我不必再多說，我只請求官員們協助我倆。其實你和我的意見是相同的，我們都是為了成王好，為了周王室好。上天既然降下幸福，我們應該相對的付出，然而只有我們二人是不夠

放大鏡

＊周公或者說自文王以來周人的天命觀，簡單的說就是明白「權利」的另一面就是「義務」，若把孟子所說的「見利思義」引申至此，其理亦通。周公明白上天降下天命給周朝，除了讓周王室享受尊榮外，同時也賦予周王室廣施恩惠、照顧百姓的責任。相反的，紂王等暴君只看見權利的那一面，忽視了義務面，所以周公說周人接受國運天命是件既美好又艱難的事。周公想要長保周朝的國祚綿長，但不似秦始皇、漢武帝那樣，妄求長生不老之藥。周公求國運，不在於個人或特定天子，而是希望所有周王室的統治者能了解這種由前代經驗及文王自身實踐體驗出來的「天命無常論」，努力修德，則老天必定不會背棄周朝。

的，我們還要提拔人才，輔佐我們國家，希望讓人才不斷的被拔擢，以輔助後人走到完美的境界。唉！因為賢臣們輔佐我們周人，所以我們才能達到今天這樣的幸福境地，我們也必須毫不懈怠的實現文王功業，勤勉的去實踐仁政，那麼，就算是遙遠的海濱日出之地，也都會服從我們的呀！

「阿奭！我不再這麼囉嗦的勸告你了，我其實只是憂心著老天降罰，怕天子以及百姓受苦而已！唉！阿奭，你是知道民眾的，他們天性沒有不好的，然而是不是始終都願意服膺我們周人的統治，卻難以預料！我勸告你的，不過就是上面這些，從今以後，讓我們謹慎的管理朝政吧！」

召公奭聽了我這番推心置腹的誠懇言詞，大受感動，拉著我的手，顫抖著，久久不能言語。

之後，奭便同意繼續留在王室，幫助我輔佐成王。

二哥武王當年想傳位給我，我都沒有接受了，又豈會在姪兒成王即位後，企圖奪取王位，對他不利呢？我當然矢志擁護姪兒誦，他繼位時大概是十三歲左右，年少青澀的他也很想將國家治理好。在他即位之初，曾好好與我討論治國之道，也由我這兒得知那由他父親和祖先們戰戰兢兢維繫的「天命」，是要不斷修德來維繫的，否則天命亦將棄我們周人而去。除此之外，姪兒也從召公奭、太公望等大臣們身上學習到敬天愛民的治國之理。

然而三哥鮮及五弟度、七弟武在東方殷國故都不斷散播謠言，說我將對年幼的成王不利，姪兒受流言所惑，久而久之，竟也不能諒解我。

我不願對自己的忠心多作辯

解，只要確定朝中賢臣能明白我的苦心，願意全心全力輔佐姪兒成王，這樣我就放心了。

流言剛起時，我就曾經向召公奭、太公望表示：「謠言這麼多，我之所以不避嫌，而繼續代行王政，是怕我離開了之後，正中敵人下懷。若讓敵人奸計得逞，年幼的天子被孤立，必將造成天下諸侯反叛王室，到時我不就成了周朝的罪人，如何有臉到九泉之下見太王、王季、文王呢？三位先王憂勞天下的安定很久，才有周朝今日的局面，而武王早死，成王尚幼，我的理想，就只是希望能把周朝根基打穩，使之步入正軌而已呀！」

不過，我見事態嚴重，於是再次請來太公望和召公，對他們表明心跡：「二位大臣，近來這些流言，我之所以不避嫌，是因為我認為這時候離開會對不起文武二王在天之靈啊！但現在事態已十分嚴重，大家既然都如此誤會我，我實在不應該繼續住在鎬京，一旦我離開了成王身邊，相信質疑我將對成王不利的人，就沒法子繼續危言聳聽了。然而天下剛剛改朝換代，我也不能拋下一切不管。現在東方一帶殷商的殘餘勢力還很大，隨時有反叛的可能。武王在世的時候，曾和我說過希望在雒邑的地方，建設一個新的都城，作為東邊的國都，以成為全國的中心，顧及中土的四面八方。我想，現在我不如到雒邑尋覓興建都城的地點，鎬京這兒的朝政就勞您二位管理，好在成王守喪期已結束，可以專心朝政了。我在雒邑一則可以規劃營建東都之事，找尋適當的地點；二則可以鎮壓各方諸侯國；三則可以避開嫌疑，免除成王及同事們的困擾。我想這樣決定比較穩當。」

二位賢臣聽了這一席話，都勸我不必離開鎬京，但是為了避嫌及讓成王安心，我執意前往。最後我領了軍隊到達雒邑，一面準備營建東都，一面也積極部署展開東征。

我之所以要取得這些父兄時代賢臣的支持，是因為雖然我自認忠心，但卻必須避免自己剛愎自用——說不定三哥管叔主觀上也不認為自己有錯，認為自己所作所為是為周室好——因此，我必須以賢臣們為鏡，藉由他們明白自己是否有所過失。

我雖然極力想做好二哥託付給我的家國大任，但午夜夢迴，不免也會懷疑……或許把攝政一事交給三哥管叔，一切就沒事了……或許，三哥能做得比我好。

我向太公望說出我的困惑，太公望對我說：「當事物開始混亂的時候，我們就應當追尋事物的本源，旦，你忘了嗎？自周祖棄、公劉以來，到太公、文王、武王，周人迎合天命的法則就是盡義務而不問權利。你的三哥管叔，在東方的責任是監視督導殷商遺民，以保衛周室；現在他不但沒盡好責任，竟還反其道而行——聯合殷勢力，威脅周朝天子輔臣——於公於私，義務未盡而只計較權位的管叔根本沒有文王遺風呀！」

經太公望的一番分析，我對自己的政策有了信心，確立了正邪之別，明白自己沒有迷失方向，並未做出錯誤的決策。

東征前，我說服召公繼續留任，一一徵詢武王時代的賢臣，他們都表態願意支持弭亂。只是從前追隨武王伐商的部落諸侯現在卻不肯發兵助我東征，因為他們認為「三監之亂」其實是周王室自己的家務事，旁人不便干涉。

這也不能怪他們，三哥和五弟的確都是父親的骨肉，感佩父親的諸侯們，當然不忍心攻伐他的兒子；但是我身上負有二哥託付的責任和對天下萬民的義務，不能坐視他們勾結殷商舊勢力，圖謀不利於朝廷，所以不得不起兵東征平亂。

在朝中無法獲得天子完全信賴，想東征也得不到充分軍力的支援，說來尷尬，百姓們竟把我當時被流言所迫的窘況寫成了一首民謠〈狼跋〉：

狼跋其胡，戴疐其尾，
公孫碩膚，赤舄几几。
狼疐其尾，戴跋其胡，
公孫碩膚，德音不瑕。

這首民謠的意思是說：看那

年老的狼呀！往前走便踩到脖子的肉垂，向後退便踏到自己拖地的長尾；可是那心寬體胖的貴族哪！卻怡然自得，仍舊健步如飛。

看那年老的狼呀！向後退便踏到自己拖地的長尾，往前走便踩到脖子的肉垂；可是那心寬體胖的貴族哪！他的德馨遠播，聲譽歷久不墜！

老狼脖子肉鬆弛，又憂心忡忡的垂著尾巴，往前走踩到脖子肉，向後退則踏到長尾巴，這是人民在形容我當時進退維谷的尷尬處境；二段歌詞的後半，是鼓勵我、支持我不畏流言，泰然自若，向該走的方向行去。

事實上，我把攝政一職當作沉重的義務責任，奸人想把我拉下來，對我而言，並非是權力的失去，而是義務的免除，我有什麼好捨不得的呢？只是基於對兄長的摯愛和承諾，同時希望天命能長久留在周人身上，所以必須竭盡心力奉獻自己；我根本不會捨不得權位，面對猜疑誣衊，當然可以怡然自得！

我既為百官之首，且行攝政，權力可比天子，但我歷任父親文王、二哥武王之左右手，深知「安定天下，永保天命」是他們的遺志。當時周雖克殷，但實際上周朝尚未控制的土地遠大於已控制的，周是西方的部落，對於東方殷商舊部及蠻族的控制力本來就低，負責監督輔佐殷商舊勢力的三哥、五弟和七弟沒有盡好感化的責任，不但散播謠言說我將不利於年幼的成王，而且還慫恿武庚叛變，這迫使我不得不實行東征，我也想趁機完成文武大業，平服東方，安定天下。

當時殷王室的親族部落聯合了蠻族叛變，他們說：「武王已死，新王年幼，周公遭受懷疑，這是大好時機。」可見敵人的惡毒奸計，三哥、五弟和七弟只見到奪權的利益，卻忘記權位的另一面必須肩負等重的義務，說穿了他們與武庚只不過是彼此利用。

我這次東征比起二哥武王起義伐紂之時，情勢更形艱難。

從前二哥武王即位，第一次觀兵盟津時，隨軍供奉父親文王神位，是以父親文王的名義號召東征，當時二哥武王都不敢奢望諸侯會全到，遑論被諸侯視之為周室自家內鬥的東征。

後來，我不得已只好藉由占卜來說服諸侯，沒想到諸侯寧願違背占卜的結果也不肯干涉周室內部的事。

最後，我懇切的對諸侯們說明：「早在文王時周室已獲得天命，卜兆是由文王所遺留下來的寶龜卜的，絕對可以預示天命，

現在的難關是上天對我們的考驗。你們都追隨過文王，幫助過文王完成天命交代的事功，文王時最能幹的治臣十人——我們都是經由他們的教導方能得知天命的——現在他們都答應協助東征了，你們還有什麼好遲疑的呢？」

東征勢在必為，我在大軍集結後誓師，宣讀了誓詞〈大誥〉＊，在〈大誥〉中表明東征是天命與先王付託之重責大任，毋須占卜就可決斷。但我為求信服諸侯，證明天命，仍進行占

放大鏡

＊〈大誥〉大意是周公旦向臣子們說：「殷人剛剛恢復了一點生氣，便想乘著我們內部混亂，起來造反。重新奪回他們已經失掉的王位，說什麼『我們要復國！』，妄圖東山再起。這是白日作夢！我告訴大家，文王、武王的賢輔大臣均願意出來幫助我們，有了他們的幫助，我們一定能夠平定叛亂，保住文王和武王的功業。」又說：「我們小小的周邦，是靠了上天的保佑才興盛起來的，我們承受的是天命。為了這次出征，我又占卜一次，皆是吉兆，上天是幫助我們的，這是上天顯示的威嚴，誰都不能違抗，你們應該順從天意，幫助周室成就這個偉大的事業！」這是動員、也是命令，官員、諸侯們聽了，眾志成城，便隨同姬旦一起東征。

卜，結果為吉，故而下令東征。*

當時，支持武庚與三監叛亂的，尚有東方的奄國——奄是殷的同姓國，且不受周的管轄；另外還有蒲姑氏及徐夷、淮夷二蠻族。

當時我的戰略是：讓代我受封於東方魯地的長子伯禽起兵攻徐夷、淮夷；並賦予同封於東方的太公望對東方諸侯征伐的權力。

我自己得到了召公奭的信任，十位治臣的協助，眾邦君以及官員們對卜兆的信賴，率領了一部分軍隊進駐東方，內外夾攻，經過了二年的時間，便擄獲了管、蔡二叔及意圖作亂的武庚，並進而平定了東方的叛亂勢力如奄國等，安撫了數十個叛亂部落。

東征之役，歷時二、三年，

耗時極久，將士們相當辛勞，行軍間甚至編了歌謠訴說辛苦：＊

〈破斧〉

既破我斧，又缺我斨。
周公東征，四國是皇。
哀我人斯，亦孔之將！
既破我斧，又缺我錡。
周公東征，四國是吪。
哀我人斯，亦孔之嘉！
既破我斧，又缺我銶。
周公東征，四國是遒。
哀我人斯，亦孔之休！

大意是說：我的戰斧已經殘破，我的斨斧都是缺口。周公東

放大鏡

＊周公所處的時代是宗教信仰非常虔誠的時代，所以有如此的說法。由整件事可看出周公的人文精神，他不將占卜作為唯一行事準則，將先王付託及維持天命視為首要之事，而先王付託與保有天命其實是同一件事，保有天命也就是對人民施行德政，使恩德由民心上達天聽，總之，帝王的安穩與否，端看民心向背。

＊見《詩經・豳風・破斧》及《詩經・豳風・東山》。

征掃蕩，四方各國來降。可憐我們兵士，能生還真是件非常幸運的事！我的戰斧已經殘破，我的錡矛都是缺口。周公東征出兵，四方各國平定。可憐我們兵士，能生還真是件值得慶幸的事！我的戰斧已經殘破，我的銶劍都是缺口。周公東征行軍，四方各國歸順。可憐我們兵士，能生還真是件十分美好的事！

此詩描述軍士隨我東征三年，軍隊的戰斧都已磨損，破舊不堪——器物尚且如此，何況是人呢？

另外，還有一首東征軍士描寫行軍狀況與所思所見的〈東山〉：

我徂東山，慆慆不歸。
我來自東，零雨其濛。
我東曰歸，我心西悲。
制彼裳衣，勿士行枚。

蜎蜎者蠋，烝在桑野。
敦彼獨宿，亦在車下。

我徂東山，慆慆不歸。
我來自東，零雨其濛。
果臝之實，亦施于宇。
伊威在室，蠨蛸在戶。
町疃鹿場，熠燿宵行。
不可畏也，伊可懷也。

我徂東山，慆慆不歸。
我來自東，零雨其濛。
鸛鳴于垤，婦歎于室。
洒埽穹窒，我征聿至。
有敦瓜苦，烝在栗薪。
自我不見，于今三年。

我徂東山，慆慆不歸。
我來自東，零雨其濛。
倉庚于飛，熠燿其羽，
之子于歸，皇駁其馬。
親結其縭，九十其儀。

其新孔嘉，其舊如之何？

歌的內容是說：「兵士的心，思念著西邊的故鄉，個個都希望能脫下戰袍，不要再銜枚*行軍。夜宿的同袍有如滿山遍野的桑蠶，蜷曲著身體睡覺，也有些就睡在戰車底下枕著車輪。我擔心著家裡沒了男丁，懷疑屋子大概爬滿了藤蔓，窗戶大概都爬進了蜘蛛蚊蠅，屋旁的菜園大概都成了荒地，恐怕已成了野鹿的遊樂場，或是螢火蟲出沒的雜草地！雖然如此，我還是很想念哪！畢竟那是我的家。行軍看到鸛鳥在小丘上鳴叫著，想起此刻自己的妻子應該在家裡嘆息著，或者正在打掃房子，無時無刻不在等待著我回去呢！她應該會採

放大鏡

＊銜枚　軍隊行進時，為了保持安靜，通常讓士兵嘴含小木棒前進，稱為「銜枚」。

下苦瓜，煮著苦瓜，等我回家。從我離開，算算已有三年啦！還記得當初我們結婚的日子，黃鶯在天上飛著，羽毛閃耀，她出嫁時，馬車由淡黃色及淡紅色的馬拉著，她的母親幫她結上代表新娘的佩巾，進行的儀式多得讓人頭昏。當時我們感情好得不得了，現在久別，當然更勝新婚。」

由這些歌謠中，不難想見東征之辛苦慘烈。最後，雖然東征成功，擒獲了罪首，只可惜，我仍未取得姪兒成王的諒解。成王仍以為我的東征是為一己之私，因為三哥管叔、五弟蔡叔的謠言作祟，成王懷疑東征或許是我為了剷除異己所發動的……

我見成王仍無法了解我的苦心，悲憤之際，寫了〈鴟鴞〉一詩，抒發心中抑鬱：

鴟鴞鴟鴞，既取我子，

無毀我室，恩斯勤斯，
鬻子之閔斯。
迨天之未陰雨，
徹彼桑土，綢繆牖戶。
今女下民，或敢侮予。
予手拮据，予所捋荼，
予所蓄租，予口卒瘏，
曰予未有室家。
予羽譙譙，予尾翛翛，
予室翹翹，風雨所漂搖，
予維音嘵嘵。

意思是：「貓頭鷹呀！貓頭鷹呀！你已經抓走了我的兄弟，別想再搗毀我的房子，我會努力撫育幼子；趁著天還沒下雨，我得趕快取來桑樹根，將鳥巢的空隙修補，讓樹下的人類，不能輕易將我們欺負；我的爪子既疲又累！只因為我還沒有堅固的巢穴；我的嘴巴既苦且瘦！只因為我還沒有穩固的家園；我的羽毛愈來愈少，我的尾羽都快掉光，我的家卻還危險哪！風雨一來，巢穴跟著飄盪搖曳，我著急的鳴叫只因為我的心緊張、憂愁、恐懼！」

我以貓頭鷹暗指武庚等叛變的殷朝勢力，因為他們叛亂的企圖，導致我的兄弟管、蔡二叔誤入歧途（管、蔡二叔畢竟是我的親兄弟，成王的叔父，因此稍稍為之保留），我對成王，就如同詩中成鳥護衛幼鳥一樣誠摯懷憂，對於國家所面臨的挑戰也十分擔心。

費了九牛二虎之力平定燃眉的亂事，年輕的君主，依舊懵懂無知。我只有忍住自己心中的悲哀，寫詩明志。但其實成王當時仍是沒有覺悟的，只是因為我是叔父，敢怒不敢言而已。

我的一生，身心最困乏的日子，就是這段二哥武王剛去世，管、蔡謠言惑眾，聯合武庚、奄國通謀造反的時期——前往平定，卻被認為是剷除異己，有冤不得伸——若是父王、二哥仍在，必定能夠明白我的內心，官位對我而言，不是榮華，也不是權力，而是盡不完的義務呀！我本欲撒手遠去，卻又不忍父之志，兄之託，苦呀！

最尷尬的就是東征成功後，因姪兒成王仍不諒解我，使得本來應該攝政的我此刻倒不好意思回朝，只得滯留東都。父親文王被囚於羑里時推演出《易》之卦辭；而我在東都含冤莫白、抑鬱之際，寄情於易理，仿效父親演《易》，也推演出爻辭，自抒悲懷。

避嫌雖是我居東都的原因之一，但我卻不是消極的在東方無所事事，事實上我在東方乘機敉平了對周室有害的殘餘勢力，也就是原屬商朝勢力的東方諸部落及蠻族，積極為姪兒成王建立未來的統治基礎。

或許是上天眷顧，終於讓我等到否極泰來的一日。

說來神奇，我滯留東都的隔年，鎬京周地原本長得非常美好豐盛的農作物，還來不及割取，天空竟降下了大雷電，颳起大風，將所有的穀物吹倒，樹木也連根拔起。據說鎬京王城內的人民大為恐慌，成王及官員們非常害怕，連忙穿起禮服要打開文王占卜專用的金縢之匱，預備占卜，卻因此發現了當初我鎖在金縢之匱中，因為武王病重，我向上天祈禱願代武王死的禱文。

召公奭與太公望質問眾史官及負責的官員，他們才說出當初我不准他們透露的祕密：「這事是真的，但周公命令我們不准說出去。」

直到此刻，姪兒成王才終於明白我的一片赤誠，他拿著當初被記錄下來的禱詞，流著眼淚說：「我不需要占卜了，我知道上天為什麼懲罰我們了，當年叔父周公為我們王室捨命付出，我懵懂無知，竟懷疑叔父，現在老天發威懲罰我，來彰顯叔父的美德，我應該親自將他迎接回來……」

聽說成王當場悔悟，泣不成聲，他終於明白，肯為兄長犧牲生命的我，根本不可能覬覦王位。成王痛改前非，請我回朝，且親自出城迎接。說也奇怪，成王一出城，天空便下起雨來，風改向而吹，將稻麥都吹立了，而召公奭、太公望命人將被吹倒的大樹重新豎立起來，那年的農作依然豐收。

從此我得到姪兒成王完全的信任，於是我可以逐步實現我的

政治理想——繼續父親文王和二哥武王的遺志，設法留下天命——為成王為周室，建立一套能長治久安的政治制度。

我最主要的政治建設工作為：實行封建、營建成周、制禮作樂。

5 理想的實現

實行封建

經過三監之亂，我與姪兒成王誤會冰釋。

為了姪兒將來的執政及國家的長治久安，我有義務為成王及周王朝設計良好的國家制度，完成父親和二哥的理想。

商朝人民，如果遇到好國君，生活就安樂；一旦遇到壞國君，生活便痛苦，如此反覆，根本無法獲得長久幸福的保障。因此，我的理想是建立一種制度，這種制度超越帝王本身，意即帝王也必須遵守，我希望這些制度能讓遠離文王、武王身教、言教的後世周天子們，也能保持在仁民愛物的正軌上，如此就能長保民心，而天命就不會離開周朝太遠了。

首先，我完成的是司法制度，制定刑書（即法典）九篇供作大司寇（司法官）作為判刑的依據。

其次，武庚所領導的殷遺民及東方叛亂諸國已被平定，東方歸順之後，多出了許多國土。武王克商時所分封的地域已有重新劃訂的必要。為了防止叛亂再起，我和召公奭、太公望商量的結果，決定將東方的國土，重行分封。

我重行封建，將原歸屬武庚的殷民一分為二，一部分封給賢能的商朝後裔微子啟，即宋國；另一部分封給賢能的九弟康叔，即為衛國。

我將殷民遷離故地，藉以削減其勢力。又把長子伯禽的封地擴至奄國故地，雖是封地，但實際上是要伯禽負責維持當地秩序，作為周王室屏障，避免亂端再起。

我將舊殷勢力分封成三個國家（宋、衛、魯），由賢能且親信者領導，這是為周室的安危著想，避免三監之亂歷史重演。

微子啟是殷國三位仁者＊之一，深知國運興亡之道，他的德行足能保持殷朝的香火，不致踏上武庚的後塵；九弟康叔賢能，武王時曾參加伐紂的戰役，當時因為年齡小沒有受封，此次東征後受封於衛。九弟初次受封就負責治理殷民占大多數的衛國，我不斷諄諄教誨，提醒九弟施政不可死板，應尊重殷人既有的風俗習慣及政治傳統，千萬不能以自

放大鏡

＊殷之三仁：微子、箕子和比干被譽為「殷之三仁」。紂王暴虐無道，微子數諫不聽，便與叔父太師箕子和少師比干商議對策。比干建議，為了殷商後繼有人，要箕子和微子出逃。微子攜帶祭器逃走後，箕子不忍離去，裝瘋而被囚，比干因直諫而被剖腹挖心。

己慣有的思維來治理文化與我們不同的人民，希望九弟能以疏導方式代替高壓防堵，並要他明白將殷民治理好，使他們不會再萌生叛亂之意，對於周室的長治久安，絕對是極大的貢獻。

為了時時提醒九弟，我將我的統治政策與政治思想寫下，作了一篇〈康誥〉教導他治國之道——治理殷民必須因襲殷民的傳統，應將周人的傳統和殷人的傳統巧妙的融合。

另外我還作了〈酒誥〉提醒九弟，警惕他殷商之所以滅亡，酗酒誤事便是一大原因，告誡他千萬勿重蹈覆轍。*

放大鏡

*據說殷人有飲酒習慣，賢如箕子者，亦不例外。傳言周公東征時，戰事原本僵持不下，然時值寒冬，殷人好飲酒，不論勝敗皆飲，且天冷更是以酒禦寒，而多飲則醉，每每誤事。周軍見狀，冒冷進攻，終至城破。而除了〈酒誥〉，從〈梓材〉一篇也可看出周公對康叔的諄諄教誨，周公告訴康叔，人民的疾苦，在上位者能否知道，要看領導者自己是否開放人民進諫的管道。

我分封天下的原則，大抵是異姓與同姓交錯。例如魯為姬姓，則其鄰齊國則為異姓；微子啟為異姓，而其旁則有康叔姬姓，如此可以彼此牽制，不致如三監一般結黨作亂，我為周室安定，可謂用心良苦。

我也將當初武王伐紂後所封的諸侯封國重新分配：魯原封於河南魯山縣，遷於奄國故地；太公望原封於呂，後遷於蒲姑氏故地臨淄，改國號為齊；召公封地燕則北徙至今河北薊縣，配合河北殷墟封給九弟康叔（即衛地），不過召公奭仍留在成王朝中輔佐成王。以上都是殷商故地，我均任命賢能且可信任的臣子治理，避免三監反叛事件重演。

再來，我仍舊封三哥蔡叔的兒子姬胡於蔡國原地。由於三哥被流放之後，姬胡改過遷善，我知道後，為求謹慎，先讓伯禽任用他為魯國卿士，仔細觀察考核，發覺他是個人才，於是仍將三哥的封地交給他，稱為蔡仲。雖然三哥曾經造謠誣衊我，可是我不遷怒於三哥的子孫，任人唯賢，絕不以人害事，凡事皆以周朝大局為重。

我也分封帝舜的後代於陳；封夏禹的後代於杞；封炎帝的後裔於焦。

我所封的諸侯，主要可分為姬姓國及非姬姓國。

非姬姓國的封建，大抵有三種，一是承認既有勢力，如分封古代聖王部落之後，事實上，在原地早已存在了該部落民族，分封只是追認其為臣屬周天子之部族，如帝舜後代封於陳；二是殷商遺族，擇其賢者治之，並有姬姓國鄰近監督輔助，如微子啟封於宋；三是分封功臣，如太公望之封於齊。

姬姓國的封建，亦有三類：一是父親文王的兒子；二是二哥武王的兒子；三則是我的子姪輩。

在周行封建之前，天下間大抵是部落並興的局面，所謂朝代，充其量也只是各部落間的共主而已。如殷朝時周雖為諸侯，但周之興起並非由於殷帝王之分封，而是周人自己的發展，殷帝王只是承認其地位，給予名義而已，所以有時帝王與諸侯之間還是會有征伐。

周朝的封建與後世不同，領土並非全然是賞賜。就領土而言，靠近周地的諸侯國，可能領到已開發的區域，此類封建較具賞賜性質；然而，若分封到離周地較遠的偏僻地帶，可能就帶著開墾平亂的性質，端看受封者的能耐了。

我分封的姬姓國，親族如文、武王之子，通常是屬於賞賜性質，故多封在受周完全掌控的豐饒之地；至於我的兒子或子姪輩，則多屬於開墾平亂式的分封，如我的長子伯禽，在二哥武王時已代我受封於賞賜地，但我在成王時重新分封，又將其封國移到更遠的奄國所在地，目的是要他負責去開化、征服該地勢力，成為周王室的屏障。

重行分封時，還有一段小插曲，就是我封了成王的親弟弟唐叔虞於夏故都所在地，那兒有殷族及戎、狄部落。姪兒成王年幼，尚不能完全執政，為何我又封其弟為諸侯呢？這是有原因的。

話說姪兒成王即位後，年幼好玩，一日與弟弟唐叔遊戲，用梧桐樹枝削成玉珪形狀，玩起封爵的扮家家酒，成王開玩笑的封

賞唐叔，正巧被我聽見，我心想這是教育成王的好機會，便對成王說：「君無戲言！」故而依成王所命賜封唐叔。*封賞事小，若能使成王學會重信守諾，明白自己地位的尊貴，不可片刻鬆懈，那就是周人及天下人之福了。

不過，唐叔也沒讓我失望，此次弄假成真的封賞，想必也刺激了這位小王子，唐叔封地為古代堯唐國所在，也為夏故地，多山，多戎族，我也告訴唐叔治夏地、戎地，當輔以夏禮、戎禮。唐叔勇氣過人，頗能為周王室開疆闢土，唐叔之後，國號改為晉，晉國後來也成為春秋時代最強的霸主。

分封完成後，各國諸侯領了成王詔令各自前往封地。

長子伯禽在前往封地就職時，我擔心他驕傲怠惰，便以自己為例諄諄告誡。我問伯禽：「我是文王的親兒子，武王的親弟弟，成王的親叔父，我的地位對天下人而言，如何？」伯禽答：「一人之下，萬人之上，自是非常高貴。」我笑說：「然而我每天努力不懈，辛勤辦公，接見賢者，常常洗頭洗到一半，還必須出來接見賢人、使者；吃個飯，往往必須吐出口中的食物、放下手中的碗筷，以便及時處理緊急事務。我這麼努力，還自覺不夠，擔心沒處理好事情，怕漏失掉可以接待賢者的機會。兒子，你到了封國，千萬別用國君的身分驕傲對

放大鏡

＊這說法雖然有待考證，卻也可以看出周公行事之嚴謹，以及對成王期待要求之高。

唐叔虞受封後，一年田禾大熟，田中長出奇異的禾穀，據說是結了雙倍的穗，農人覺得十分吉祥，便拿來送給唐叔，唐叔又進獻給成王。成王收到嘉禾，想起周公的辛勞及受謗的委屈，心裡過意不去，便叫唐叔將禾送到東方前線，贈給周公。周公一見成王派了最親愛的小弟送來了一棵嘉禾，禮輕情重，一切盡在不言中，深覺再辛苦也值得，故作〈嘉禾〉篇，答謝王恩，也獻祭先王，可見周公、成王叔姪誤會冰釋，情誼更固。

人，要想想你的父親是怎麼做的！」

伯禽俯首稱是。

後來，伯禽到了封地魯國之後，三年才將政績回報我，我問：「為什麼這麼慢呢？」伯禽說：「我致力改善當地的風俗習慣，改革當地的禮節規範，推行了三年才改掉當地人民原有的不良風氣。」

然而太公望封於齊，五個月就回報政績了，我當時問：「為什麼這麼快呢？」太公望說：「我將繁瑣的禮節簡化了，入境隨俗的採用當地的禮節規範。」

我嘆了一口氣，對伯禽說：「將來魯國一定會臣服於齊國，施政不懂得簡易行事，是無法親近民眾，唯有平易近民的措施，才能獲得民心啊！」後來果然齊國出了霸主，魯國國力卻每下愈況。

不過，我當時也預言太公望「舉賢賞功」的治理方式，變成風氣後，雖然國勢會強盛，但日後定會出現「臣子綁架、刺殺國君之事」，果然齊國雖然日益強盛，成為春秋霸主，但是傳了二十代之後，卻被田氏篡位取代。

封建制度並不是從周朝時才開始，在周以前已經有了，不過，我卻想使封建落實為一套完整政治經濟及社會制度。

這制度是認為「普天之下，莫非王土，率土之濱，莫非王臣」——全天下的土地，在名義上皆是周王的土地；土地上的人民，名義上皆是周王的臣民。也因此，周天子可以分封自己尚未開發的土地給諸侯，也沒有部族可以有藉口起來反抗周室。

實際上周王只保留首都附近幾千里的土地，稱為「王畿」，其餘均分封給功臣、親族、姻親去開發，而前朝遺民及本來就存在的部落，在名義上都被承認是在周室統治下的諸侯。

諸侯之下還有卿大夫、士，由諸侯封賜領地，王畿內也一樣；卿大夫也有家臣，大概屬於士的階級。士以下是庶民——農、工、商，士以上是貴族階級，貴族與平民大致為世襲。

支持這套封建制度的，在社會上是宗法制度。藉由「分封親族」與「相互通婚」，形成天下莫非周天子之親族的情況。

周朝所封建的國家，依領土大小，分成五等爵位，就是公、侯、伯、子、男。這些國家並不是各自散漫獨立的，而是有一種制度把它們聯繫在一起，這便是「宗法制度」。宗法制度是一種以嫡長子為繼承中心的宗族組織法，就天下而言，周天子的嫡長子為下一任的天子，是為大宗；

其他的兒子為諸侯，是小宗。就封國而言，諸侯的嫡長子繼承為諸侯，是為大宗；其他的兒子為大夫，是小宗。

於是天子、諸侯和卿大夫間，都因血緣關係而聯結在一起。

宗法制度又規定同姓不婚。天子和諸侯都必須與異姓通婚；因此，就同姓而言，天子與諸侯是叔姪、兄弟的血親關係；就異姓而言，則為甥舅、表兄弟的姻親關係。整個中國因宗法關係而結成一體，政統與血統水乳交融，周朝也變成了一個組織綿密、統一而強盛的國家。

另外，封建制度的另一基礎，在經濟上是「井田制度」。所謂的井田制度就是把土地規劃成「井」字形，一共約九百畝，周圍的八塊田地分給農民耕作，稱為私田；中間那塊是公田，由八家共同耕種，公田的收益歸公家。農民只有土地的使用權，而土地的所有權，則全部掌握在貴族地主（如諸侯、大夫）手中。如此，農民可以自給自足，而耕作時只須費舉手之勞順便耕耘、灌溉公田，如此也不會對農民造成太大不便。公田的收入，便是政府施政經費的收入來源。

另外，井田制度的設計，讓人民平時耕作生產，在農閒時，也從事公家勞役，進行公共建設。

封建制度、井田制度、宗法制度其實是一體的三面，就政治而言是封建，就經濟而言是井田，就社會而言是宗法。

我理想中的政治秩序即是以井田制度為經濟基礎，以宗法為社會基礎，以這二種條件來維持政治上的封建制度。將來，天子國君的好壞，不必仰賴難以預知的鬼神，只要看看誰違反客觀的制度，就可以判斷了。這樣，在下位者知所依循，在上位者知所警惕，天下必能安定了。

營建成周

二哥武王克殷之後，曾經登上豳的高地，望向商的都城，當天晚上無法安眠。我知道後，來到二哥的居處關心，我問：「王兄為何事煩惱失眠呢？」二哥對我說：「雖然我們戰勝了商紂，但商朝畢竟是統治天下數百年的大國，殷商人民眾多，雖然我們擁有天命，但若要安定天下，預防戰端再起，使百姓不再因為戰爭而受苦，我們絕不能一直守在西方周地，我們得將首都遷往東方，否則如何統治最有可能興事的殷商人民呢？我們若是遠離殷商人民，又如何能感化他們，讓他們服從周王室的統治呢？我們一定要在雒邑那地方興建我們東方的國都，在那兒建立首都，我們才能照顧到天下四方，預防禍事，也只有如此才能將兵器收藏、解散軍隊，讓天下人知道和平已經到來，我們無須再使用這些武器了。」

因此當我攝政後，從不敢忘記二哥遺願，一直將營建東都列為重要施政目標。鑑於姪兒成王即位後即發生三監之亂，若是再不將首都向東方遷移，讓周、商人民充分融合，未來族群的衝突對立恐怕將不斷發生。

東方安定之後，成王也曾經親自到達奄地視察，行天子巡狩之事。

我趁機向成王報告營建東都的好處，主要有二：一是鎬京偏西，四方諸侯入貢時道路里程不均，營建東都，可使四方諸侯更有意願來朝覲；二是周人雖善待殷人，允許殷人擁有田地，但殷人仍未完全臣服，故營建東都雒邑可就近監視。

這也是為了讓成王未來執政能順利，更是為周王室的永續發展著想。＊

於是當姪兒成王完全信任我之後，我讓召公奭輔助成王處理朝政，我依二哥武王遺願，在雒邑營建東都，築成後，將國之九鼎＊置放於此。

營建東都時，我也讓殷民參與，使其生活有重心，無暇思叛變之舉。

放大鏡

＊更深層的意義是，貴族諸侯在一地生活久了，難免驕奢，培植地方勢力；而天下之獻貢皆集於王畿，王畿文明發展必較其他地方為快，相比之下，原來的殷商地區勢成邊陲，易受忽略，如此將令商人覺得不公而易萌叛意。

周公希望遷都東方，除了戰略考量外，應也有如盤庚遷都之意，希望族群融合、氣象更新，能為舊民族注入新活力。

＊夏禹時，以九州貢金所鑄的鼎，被夏、商、周三代奉為象徵國家政權的傳國寶器。周德衰，九鼎乃沒於泗水彭城下。見《史記》〈孝武本紀〉、〈封禪書〉等篇。

東都分為兩個部分，一個名叫王城，是作為朝會用的；另一個名為下都，乃是殷遺民居住的地方，二者合稱成周。＊

營建東都，耗時數年，殷人與周人日夜相處，更加了解周人的文化法令，族群逐漸融合。紂王雖暴虐，但殷商多位賢君打下的德政基礎其實十分穩固，很快的殷、周的人民都能和睦相處，一齊為彼此的幸福生活努力。＊

我封建諸侯、營建東都，遷

放大鏡

＊「成周」即雒邑；鎬京則被稱為「西周」。營建東都的好處及用意皆環環相扣，是經周武王和周公深思熟慮為後世子孫計畫的大工程，所以數百年後西周末年犬戎入侵，周天子東遷延續周朝壽命，可知數百年前周室祖先的德業庇蔭之深。

＊蘇東坡說他讀古書時，常覺得武王克紂太容易了，但周公安頓殷民卻又太難了，深深覺得奇怪。後來，他才悟出原來是商朝七位賢君種下的德惠太深了。紂王在位時，百姓如在水火，故武王起義，人民皆思由水底、火中逃生，故群起響應武王；但革命成功，百姓生活安穩，便又思及殷商舊王聖德，故周人治殷不易也。用漢朝來比較，漢的聖德比起殷朝賢君，遠遠不及，但是王莽之流雖一時篡位，卻不能使人民忘漢，故光武終能中興。以此相較，便知周公治殷為何如此之難，亦知若無周公，殷商必復興，周室必危也。

殷頑民，完成了二哥武王遺志，也終於到了要交還政權的時候，我在成周大會諸侯，意欲向諸侯表明還政及遷都之舉。並趁機演習禮樂制度。我準備還政於成王，更希望成王遷都雒邑這裡，但是成王竟然不肯讓我退休，堅持要求我仍在雒邑主持朝政，治理東方，自己仍以鎬京為都。

制禮作樂

「禮」狹義僅指禮俗、禮貌、禮節而言，但從廣義的角度來看，則包含一切典章制度。＊

天下平定之後，我認為天子治國不能再像以前一樣，用武力或鬼神占卜來決定秩序，因此，我得為成王及周室訂定一套供諸

放大鏡

＊由於文獻的散失，周公的整套制度，目前已無法窺其全貌，只有在《儀禮》和《禮記》兩本書中，保留了一部分的資料。

侯、臣民以及天子遵循的行為規範。

大體而言，我設計的禮樂制度主要有吉、凶、軍、賓、嘉五種。「吉禮」是關於祭祀方面的禮節，施行的對象包括上帝、山川之神、祖先等；「凶禮」是關於喪葬方面的禮節；「軍禮」是關於行軍訓練方面的規矩；「賓禮」是關於天子與諸侯，諸侯與諸侯間社交的儀節；「嘉禮」是有關個人的，如冠禮、婚禮、射禮等。每一種禮都有一定的儀節和用具，配以一定的音樂，相當繁複而隆重。這套制度規定了君臣、父子、夫婦、朋友之間的倫常禮制，使人民知所遵循，安定了社會的秩序。又規定諸侯必須協助王室抵禦外侮，諸侯與諸侯之間禁止互相侵伐，建立朝聘、會盟的禮節及救災恤鄰的辦法，穩定了國際間的秩序。

要取得一個政權需要「武功」，但鞏固一個政權卻需要「文治」，僅僅依靠高壓和強權是無法長久維持的。故我決定建立統治的制度規範。

我制禮作樂是非常謹慎的，前前後後一共思考了三年，尚且無法澈底完成，主要是擔心諸侯們不願遵從。而若僅建立周室自己的禮節，恐怕範圍太狹窄，無法宣揚父親、祖先們的功績以保持天命；若欲創建天下共通的制度，又怕天下人不能了解制度的好處與苦心。於是我便利用營建東都的機會，號召諸侯，趁機考察諸侯的接受度與向心力，結果發現四方諸侯都願意出力幫助營建東都，我覺得：要諸侯出力服勞役，他們都願意了，那麼基於禮教來朝覲當然不成問題。

於是我才放心設計禮樂制度，趁大家來祝賀新都落成時，趁機演習一遍，我請諸侯依爵位分配次序位置，並定下不同祭典應有的禮儀及音樂。

禮樂制度的完成也代表著封建制度的完備。

在東都雒邑舉行的是「郊祀」及「宗祀」二大祭典，郊祀是祭祀天，配以周人祖先后稷；而宗祀是祭祀上帝，配以文王。

宗祀時，我敦請成王前來雒邑主持，但成王謙讓，命我擔任主祭，於是我便親自主持，首次演練周朝的禮制。此次宗祀之目的也是制禮作樂初成，怕公卿諸侯對於禮儀服飾規矩尚未習慣，故於明堂演習禮樂儀止。

宗祀初演禮樂，來朝的諸侯有一千七百七十三位，在進行祭祀儀式時，皆深受感動，神情肅穆，彷彿見到文王、武王再世。祭祀的禱詞及樂舞皆是以先人功績為內容來創作，如：歌頌文王

的〈維清〉，配以「象」舞，〈維清〉是歌頌文王的仁慈德性，而「象」舞則是模仿用兵時刺伐姿勢的舞蹈，所制作的禮樂是文武兼備的，為的是令後世子孫了解先祖的文治與武功。＊

除了祭祀先君、膜拜上天以及朝覲天子的禮儀外，我更遵從了武王的遺願制定對先王、先祖之禮儀，並且推廣至諸侯、大夫及士人、庶民之間。規定若父親為大夫而兒子為士者，葬禮依大夫之禮節，而祭祀時以士之禮制；相反的，若父親為士，兒子為大夫，葬禮依士之禮節，祭祀時以大夫之禮制；父母的喪事，兒子守喪三年，庶民自天子皆

放大鏡

＊孔子曾說：「孝莫大於嚴父，嚴父莫大於配天，則周公其人也！」意思是說孝敬父親的最高境界是讓父親能像上天一樣莊嚴而受人敬重，孔子認為周公做到了這一點。周公制禮作樂，尊崇先王，事實上是既盡到了忠，也做到了孝。

同，不分貴賤。因為在封建制度下，天下猶如一家，故我制定的禮制首重孝道。

至於追封先君為王一事，我也是遵循二哥武王遺志的，二哥武王克殷之後，隨即追封曾祖父古公亶父、祖父季歷、父親姬昌為天子。東征完成，天下安定之後，我將追封先君的禮制設計完備，故後世也有人將追王之功視為我的功績之一。

在實行宗祀之後，禮樂完備，代表周室基業已成，我趁此機會教育成王，告誡他要慎重明白諸侯們進獻及未進獻的差別：進獻有許多禮儀，如果諸侯的進獻禮儀不及所獻的禮物隆盛，那麼跟沒進獻是一樣的，因為這樣的進貢並不是依誠意來獻的。但也不能允許諸侯不依禮來進獻，因為不獻貢品事小，破壞禮制事大，允許這種事發生，周天子威儀就會受到侮慢，如此政事就會錯亂了。

我不斷提醒成王，諸侯進獻之禮重視的不是禮物貴重與否，而是貴在進行一種尊重天子的儀式，進貢的誠意比實質的禮物重要多了，若諸侯沒有尊重天子的心意，只是以貴重的禮物來敷衍，那仍是無禮的。天子若以進獻多寡為貴，將造成諸侯習慣無禮對待王室，那麼以後得付出的代價可是比那禮物大千萬倍！

我希望成王明白禮的最終意涵不是外在的儀式，而是內在的功能。

我在〈洛誥〉裡對成王說：「像這些事情只有靠你自己去辨別，我可能沒辦法一直幫你注意、過問，我只能教你一些輔導民眾的經常法則，你若對這些事不勤勉，那麼國家年代就不會長久。你要優厚的敘獎官員們，那麼他們就會順從你，就算是我也不能隨便廢掉你的命令。從今以後，要謹慎呀！現在我也要勤勉呀！保護我們的百姓，不要因為百姓住得較遠，就停止了對他們的愛護。」

制禮作樂後，一年變化民心，三年天下安定，甚至也影響了四方夷狄。

記得那是在我攝政六年後，制禮作樂，天下和平，遠在交趾南方的越裳國自動派人來朝，據說是以三隻大象輪流馱運趕路，還帶了數名不同語言的翻譯（由於國處遠僻，故必須輾轉翻譯，方能溝通），到了王庭，獻上白雉，他們的使者表示：「由於敝國較遙遠，且山川阻隔，彼此語言不通，書信無法往返，故今天必須透過雙重翻譯，特來朝覲。」

成王請來使將白雉送給我，我問來使：「我們的仁政德治並未

施行在貴國，怎好意思領受你們的朝貢呢？」使者說：「我是奉部族長老之命來的，我們的長老說天地間好久沒有暴風疾雨，多年無災無害，這必定是中國出了聖人。如果真是如此，那麼我們一定要前去朝覲。」我難以推辭遠方的來貢，仍請來使將白雉獻給成王，我說這是先王的神靈所致，請成王獻祭於宗廟。*

我的制禮作樂，除了沿用周室固有者外，又有因襲殷禮、夏禮者。就如同我在〈康誥〉中要康叔盡量以殷禮治理殷民；耳提面命要求唐叔以夏禮、戎禮治理成員多是夏遺民、戎族的晉*一樣。

禮的意義在於以「謙讓」完成事情，*也就是以和平的手段求得事情的順利發展。因此，我制禮作樂的精神較主張頌揚文王受命，比較少表彰武王的武烈，這是由於在政治上，我認為「文德重於武功」。

天下一統後，我繼武王之意，追祀文王於明堂，輔以禮樂，示天下以孝治國之意。孝者，禮之大節，後來，這也成為中華文化基本精神之所在。

＊有考據言，越裳國為古亞述國。或傳說雖未可信，但仍可窺見當時中國禮樂制度影響之大。

＊這是周公尊重當地既有傳統文化的施政精神，以融合族群文化為出發點，不以文化霸權壓制既有文化，而重潛移默化的方式，並希望不同文化相互衝擊下，能帶來新氣象。

＊中國的三禮（《儀禮》、《周禮》、《禮記》）雖然成書在孔子之後，但仍或多或少可見到周公制禮作樂的精神。「禮」是中國文化的一大特色，其範圍包括甚廣，不論政治制度、行政法規、社會規範、宗教儀式、外交禮儀、兩國兵爭等等，皆有禮的存在。

6 我的晚年

多年輔政，營建東都、制禮作樂，見到成王已經行了成年禮，主持朝政漸上軌道，我心喜自己即將完成武王的付託——攝國政，輔成王。我交代禮官在成年禮為成王祝福時，要記得向上天祈求通達的智慧，不必貪求過多的福分與運氣。禮官便祈祝：「祝願成王能親近人民、健康長壽、把握光陰、廣施恩惠、廣納賢能！」

然後，在東都大會諸侯時，我想正式還政給成王。＊

姪兒成王極力挽留我，他說：「叔父，您仍要勉力保護我這

放大鏡

＊周公恐年少的成王不免會偷懶，便作了一篇〈無逸〉，勉勵成王，教他知道農民的艱難辛苦，要他學習以前商代幾位賢王以及文王那樣勤勞不懈，愛護人民，如此方能安享王位。

年輕人，您所顯耀的光明德性，使我能夠發揚父祖文王、武王的功業，以報答老天賜給我們的天命，讓四方的人民都能和順的住在雒邑東都，並且隆重的舉行這首次的祭祀，使之有條不紊。您的品德是光明的，顯耀於天上人間，您的勤勞不懈，恩惠加在百姓身上，使他們的生活幸福完美。您掌理政事從不會迷失文、武二王殷勤的教訓，我這年輕人只要知道早晚謹慎的祭祀就是了，您功勞偉大，一定要繼續留下來，周王室實在不能沒有您呀！」

成王怕我執意要退休，又接著說：「我將回返鎬京，務必請您留在這兒，四方還有未平定的叛亂，而關於祭祀的禮制，也尚未完成，因此請您繼續主持雒邑的政事，督促這裡的官員，保護文王、武王所託付的人民百姓，也作為周室四方的屏藩。」

成王最後甚至半強迫的說：「您留下來吧！我是真的要回去了！您的理想已成功大半，接下來要做的比較輕鬆了，您繼續來完成它，並不會有什麼困難呀！我只有回去鎬京勤奮學習，希望能使政事平和順利。您千萬不能退休，那會讓人們失去典型，只要您留下繼續輔政，那麼天下各邦國部落就會世世代代來進貢給周王朝了。」

我無法推辭，自此之後，我主持雒邑國政，召公輔佐成王，都鎬京。

攝政第七年，我又求退。我表示希望能在文王、武王的宗廟內奉侍先王神主。成王見我心意已決，於是便答應讓我退休。

當我還政於成王後，馬上回復臣子的禮節，與攝政之時迥然不同，態度舉止完全依臣子的禮

節，這是我對禮之自我要求。

歸政後，我暫時隱居於豐，三年後在豐過世，死前留下遺言要求子孫一定要將我葬在成周，以表示自己不敢離開成王、臣於成王；不過，成王謙讓，厚葬我於畢，使我與父親文王墓相鄰，成王此舉，表明尊重我，不敢將我視為臣子。

我死後，由封在魯的長子伯禽奉祀香火；次子則繼承我在周王畿的封地，繼續輔佐王室。

7 我對後世的影響

我攝政七年，毫不貪戀權位，最後還政於成王。成王及之後的康王在我和召公奠定的政治基礎上，盡心經營，締造了西周「成康之治」的盛世。

我鑑於夏、殷之亡，亦知天命終有離去的一天，唯有行德政才有機會使天命多作停留；也因此，我為避免人治的後遺症，苦心建立制度，雖不能使周朝千秋萬世，但也使得周之國祚比夏、商二代更久。我所制定的禮，特別是婚喪方面的禮節，直到現在還深深的影響著人們。

我之所以能夠完成東征、攝政、營建雒邑與制禮作樂等事業，最主要是得力於家庭與師友之教導與輔佐。

《論語・述而》記載我的頭

號崇拜者「至聖先師」孔仲尼說過這樣的一句話：

> 甚矣，吾衰也！久矣，吾不復夢見周公。

這位至聖先師當時自嘆身體愈來愈差，判斷的依據是——他發現很久沒有夢見我了。這是他周遊列國後，志不得伸，又覺得年紀愈來愈大，實現政治理想的機會愈來愈渺茫，因而生出的慨嘆。

後來人們常常笑有人打瞌睡是在「夢周公」，彷彿我是瞌睡蟲的代稱，事實上，這句俏皮話是由孔仲尼非常哀傷的自嘆轉化而來的。孔仲尼一直把我當作偶像，崇拜我能在周朝初期，天子幼小，外有叛亂、內有家變，並且人格遭疑的艱難處境下，仍有毅力及機會用禮樂制度為周朝建立秩序，使人民能夠脫離戰火的折磨，使周族人民及前朝的殷商百姓，皆能安居樂業。

孔仲尼希望他自己也能像我一樣為天下、為人民創造一個和平幸福的生活環境。

中國的歷史充斥著個人政治成就顯赫，但名聲不佳的政客；或者是名聲好，但卻無法在政治上一展長才的士大夫。能和我一樣在個人修養、對國家的貢獻以及制度的創設均有所成就的，幾乎可說是沒有。

在我之前，無論王位繼承或是治理諸侯，一律以鬼神之說為據，人的社會秩序均以卜筮為準。但是經過我的制禮作樂，建立宗法制度後，周朝的政治與社會制度充滿了人文精神，比較之前鬼神之說充斥的時代，中華文化因為經過這樣的轉化，才會有後來流傳千年「敬鬼神而遠之」

的孔孟人文精神。

唐代大儒韓愈的〈原道〉一文，講述中華民族有所謂的道統，說道統是由唐堯傳給虞舜，虞舜傳給夏禹，夏禹傳給商湯，商湯傳給周文王、武王，然後到我；我之後傳給孔仲尼，孔仲尼傳給孟軻……，可見我在文人心中的地位。有人甚至說我是儒家精神的先驅。

最後，我要以一首後世詩人白居易的詩作結尾：「贈君一法決狐疑，不用鑽龜與祝蓍。試玉要燒三日滿，辨材須待七年期。周公恐懼流言日，王莽謙恭未篡時。向使當初身便死，一生真偽復誰知？」

這詩是說：「送您一招排難解疑的妙法，不必用龜殼、蓍草來卜卦。分辨玉石得燒它三天三夜；區別枕木與樟木，得耐心等七個春夏。周公因為流言被眾人誤解之日，王莽還在假裝禮賢下士之時，如果真相未明前，當事人就辭世，歷史上恐怕沒人能知誰是忠心，誰是虛假！」

漢朝的王莽，假裝師法我，行攝政事，心裡卻只想著權力，貪求著王位，幸虧他活得夠久，露出了狐狸尾巴，受眾人唾棄。

而我心中只知父兄交代的義務與責任，只想全力輔佐年幼的姪兒成王，壓根沒想過權利與享受——吃飯吃不好，澡沒法子好好洗——辛苦如我者尚且要受七年的猜忌懷疑，方能洗刷冤屈，可見當好人、行好事，是需要毅力堅持下去的呀！

各位，想名留青史而非遺臭萬年，沒有別的方法，就是得先盡好義務與責任；要當好人，一定要堅持到底，通過時間的考驗；想走正確的道路，更別忘了要有賢良的朋友相伴！

中國的歷史自西元前841年方有確切紀年，在此之前的年代皆由後人所推算。西周的歷史自武王至幽王約從西元前11世紀到西元前771年，周公生存的年代約在西元前11世紀，由於沒有確切的年代紀錄，僅以武王及成王的在位年數來紀年。

武王 1 年	父親姬昌去世，二哥姬發即位，是為武王。
武王 9 年	武王宣示奉文王遺命征討商紂，會諸侯於盟津。
武王 11 年	武王起兵伐紂於牧野，推翻殷商暴政。
武王 13 年	武王重病，周公設壇祭禱於太王、王季、文王，自願以自己代替武王伺奉先祖。後武王崩，管叔、蔡叔聯合武庚叛變，史稱「三監之亂」。
成王 2 年	平定三監之亂。
成王 7 年	還政於成王。

獻給孩子們的禮物

「世紀人物100」

訴說一百位中外人物的故事

是三民書局獻給孩子們最好的禮物！

◆ 不刻意美化、神化傳主，使「世紀人物」更易於親近。

◆ 嚴謹考證史實，傳遞最正確的資訊。

◆ 文字親切活潑，貼近孩子們的語言。

◆ 突破傳統的創作角度切入，讓孩子們認識不一樣的「世紀人物」。

兒童文學叢書

影響世界的人

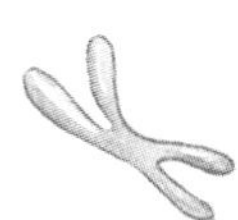

在沒有主色，沒有英雄的年代
為孩子建立正確的方向
這是最佳的選擇

一套十二本，介紹十二位「影響世界的人」，看：
釋迦牟尼、耶穌、穆罕默德如何影響世界的信仰？
孔子、亞里斯多德、許懷哲如何影響世界的思想？
牛頓、居禮夫人、愛因斯坦如何影響世界的科學發展？
貝爾便利多少人對愛的傳遞？
孟德爾引起多少人對生命的解讀？
馬可波羅激發多少人對世界的探索？

他們，
足以影響您的孩子——
去影響世界的未來

兒童文學叢書

第1次系列

生命不能重來，童年無法NG

提供孩子生活所需的智慧維他命，
與孩子共享生命中的成長初體驗！

兒童文學叢書

童話小天地

童話的迷人，
正是在那可以幻想也可以真實的無限空間，
從閱讀中也為心靈加上了翅膀，可以海闊天空遨遊。
這一套童話的作者不僅對兒童文學學有專精，
更關心下一代的教育，
出版與寫作的共同理想都是為了孩子，
希望能讓孩子們在愉快中學習，
在自由自在中發展出內在的潛力。

——簡宛（名作家暨「兒童文學叢書」主編）

丁伶郎　奇奇的磁鐵鞋　九重葛笑了　智慧市的糊塗市民
屋頂上的祕密　石頭不見了　奇妙的紫貝殼　銀毛與斑斑
小黑兔　大野狼阿公　大海的呼喚　土撥鼠的春天
「灰姑娘」鞋店　無賴變王子　愛咪與愛米麗　細胞歷險記

國家圖書館出版品預行編目資料

孔夫子的偶像：周公 / 林哲璋著;卡圖工作室繪－－初版二刷.－－臺北市：三民，2010
面；　公分.－－(兒童文學叢書 / 世紀人物100)

ISBN 978-957-14-4816-9　(平裝)

1. 姬旦 2. 傳記 3. 通俗作品

782.815　　96016056

 孔夫子的偶像：周公

著作人	林哲璋
主編	簡宛
繪者	卡圖工作室
發行人	劉振強
著作財產權人	三民書局股份有限公司
發行所	三民書局股份有限公司 地址　臺北市復興北路386號 電話　(02)25006600 郵撥帳號　0009998-5
門市部	(復北店)臺北市復興北路386號 (重南店)臺北市重慶南路一段61號
出版日期	初版一刷　2007年11月 初版二刷　2010年9月修正
編號	S 781420

行政院新聞局登記證局版臺業字第〇二〇〇號

ISBN　978-957-14-4816-9　(平裝)

http://www.sanmin.com.tw　三民網路書店